JN439706

Sook Woo

김철식 시집
달비 어머니

초판1쇄 인쇄 · 2016년 2월 15일
초판1쇄 발행 · 2016년 2월 20일

지은이 · 김철식
펴낸이 · 윤영희

펴낸곳 · 도서출판 **동행**
등록번호 · 제2-4991호

주소 · 서울시 중구 을지로 14길 16-11 (2층)
편집부 · (02) 2285-0711
영업부 · (02) 2285-2734
팩　스 · (02) 338-2722
이메일 · gongamsa@hanmail.net

값 10,000원

ISBN 978-89-94227-99-3　03810

달비 어머니

김철식 시집

동행

시집을 엮으며

팔순에 내는 첫 시집이다. 막상 서문을 쓰려니 가벼운 긴장감이 든다. 마치 똥마려운 강아지처럼 거실을 오고가며 안절부절이다. 마음이 먹먹하다.

이 작품들은 온몸으로 쓴 나의 고백시이다. 내 몸의 살점을 한 점씩 발라내고 뼛속을 들여다보듯 내 속의 생각들을 여과 없이 모두 드러내었다.

마치 외과의들이 메스를 잡고 환부를 도려내듯이 내 마음 깊숙이 감춰져 있던 흉터나 상처 부위의 오물까지도 한 편의 시로써 환치시켰다. 문학은 상처를 치유하고 카타르시스 시켜주는 기능을 가진다고 하였다.

내겐 친구 같은 문학이다.

나의 시작詩作의 동기가 아이러니하다. 고희에 첫 외손녀, 첫 손자가 출생하여 견딜 수 없는 환희에 시상이 봇물처럼 터져 나왔다. 속절없이 그 시상에 굴복하여 시를 쓰게 된 것임을 고백한다.

주위 친구들의 등단 권유에 용기를 얻어 2008년 봄 「한국문인」를 통해 시 부문 신인상을 받게 되었다.

그해 크리스마스 이브, 호주 시드니에 사는 딸의 순산 소식에 이어 예정에 없던 이곳 자부의 출산 소식으로 동시 축

포를 터트리게 되었다. 손자 사랑하는 나를 팔불출이라고 할 사람도 있겠으나 아무러면 어떠냐. 내 나이 비교적 늦은 나이인 36세에 결혼하여 아들이 35세에 짝 지어 얻은 손자였으니 그 기쁨은 이루 말할 수 없을 정도였다.

희수喜壽 때는 꼭 시집을 내야겠다는 생각은 있었으나 차일피일 하다가 주위 분들의 성화에 못 이겨 졸시집을 펴내게 되었다.

어떤 이는 유명 시인이나 작가의 추천을 받으면 어떻겠느냐고 추천사 받기를 권유하기도 했다. 나는 지금껏 어느 누구의 시작에 대한 지도를 받은 바 없고, 내가 진정으로 존경하는 시인은 현세에 생존해 있지 않으므로 추천을 받지 않았음을 밝혀둔다.

다만 이 시집의 원고 교정을 도와준 친구 박병찬 선생과 김태호 시인 두 분에게 깊이 감사드린다.

이 시집을 자식 위해 질경이처럼 인고의 세월을 인동초 같이 살다 가신 어머님(휘 성옥字이字, 1916. 3. 5~1998. 10. 19) 영전에 바칩니다.

2016년 1월

김 철 식

CONTENTS

CONTENTS

CONTENTS

3부 청정한 삶의 길목에서

4부 동심에 물들다

1부

천음天音에 춤추다

새벽 종소리

아침 밝히는 여명의 몸부림
솔잎 쪼개 향으로 날고
뇌파 다듬이질 하듯
천상의 피리 소리로 녹여
슬픔 밀어내는
희열에로의 초대장

몸의 내장 다 쏟아내듯
전신 사시나무 떨림으로
시공을 닦아내는 몸부림
구천에 맴도는 영혼 불러
피안 언저리에
잠재우는 자장가

땅 울리어 나뭇잎 흔들고
날짐승 깃털 울려
비약의 날갯짓으로
내공 다져 승천하는 비룡처럼
하늘 끝으로 날으는
새벽 종소리

* 2009. 4, 「한국문인」 지에 게재

달린다
–두 살 손자 재롱

어린
시현時賢이가 뛴다.
땅 위 발을 튕기듯 굴리며
내 눈알이 돌아간다.
23개월을 밟고 언제까지
아!
뛰어라 뛰어 땅 끝까지…

그래서
이 *할비 가슴 고동 멈출 수는 없다
짝사랑 하다
숨 멈추는 한 있어도
내 눈 망막에 박힌 영상
밤과 낮을 가리지 않고 돌아간다.

내 사랑
시현時賢이가 달린다
뒤도 돌아보지 않고
늙은 *할비 온몸 끌고 달린다.
거침없이 달린다
자동차가 오면 어쩔려고
기우杞憂까지 끌고 막 내달린다.

* 할비 : 할아버지의 방언

지구 돌리다

고사리손으로 돌린다
선풍기 환풍기
앞뒷집 옥상 환기팬까지
빙글빙글 뱅글뱅글
기아대책 건물 옥상 백엽상 위
바람개비까지도
뺑글뺑글 다 돌린다.
앳된 손
어린 마음으로

골목길 주차된 자동차 바퀴
차고의 할부지 차
건물의 전후 좌우
아저씨 차 아씨 차
승용차 트럭 할 것 없이
바퀴란 바퀴 다 돌리고
건물 외벽에 붙은 냉방기
가겟집 냉장고 냉풍기까지
다 돌린다.

유모차, 장난감자동차 바퀴
배, 비행기 프로펠러도
눈에 보이는 도는 것이면

무엇이든
돌려야 한다
그것도 법륜의 마음으로
다 돌리고야 말 것이야
해와 달 지구까지도 다 돌린다.
고사리손으로…

–2008. 9. 15

매미 울다

오솔길 풀숲에는
매미 지천으로 울었다
아침부터 저녁까지 서러워서
십칠 년의 한을 내뱉으며
한 방울의 이슬마저
울음소리로 비벼놓는다

나무마다 설움 탈 걸어놓고
창문 철망에 붙어
새벽잠 깨워 눈물 뿌리더니
참매미, 말매미 밤낮 속 끓이며
이명耳鳴 소리에 놀란 쓰르라미
지겨운 세월을 톱질한다.

입추 처서 지난 한가위
찌는 더위 달빛마저 가리고
질긴 여름 내내 기름 짜며
사고思考마저 뭉개려 하는가
등골에 남은 골수 한 방울까지
희미한 기억 속으로 파묻는다.

삶의 찜질에 흘린 땀방울
흙 속 깊이 체온 묻고 떠나려

하늘에 턱 괴어 합장하며
성근 흰머리 빗질 잦아져도
긴 여름 사념의 쇳물 담금질하듯
숨 가쁘게 매미 울어댄다.

—2008. 9. 15

가로등街路燈

어둠 밝혀 바람결 일렁이는
뿌연 운무 한 자락 잘라
별빛에 말렸다가
가는 차 배웅하고
오는 불빛 맞는 빨간 손수건
저 멀리 움츠린 검은 그림자
달려오다 스러지네.

늦은 밤 골목길 가로등 밑
구석진 포장마차 비켜 앉아
막걸리 한 사발 들이켜
지친 피로 삭여내고
꼿꼿이 버틴 눈뜬 장승 되었다가
밤새운 새벽달 솔리울 적
보초 교대 하려는가

가랑잎 흩날려 가로수 차가운데
먼 산기슭 모롱이마다
숨겨둔 안개꽃으로 피어나
어머님 품속마냥
온기로 적셔주고
골목길 지키는 파수병 되고파
시린 불빛으로 흐느끼는가.

많은 밤 지새며 어둠 세탁하고
그리운 임 발길 옆 서성이는
내 맘속 그림자 지우며
달빛 쪼개 빛살무늬 수놓듯
경사진 아스팔트 바닥에
가로수 그림 그리는 화가처럼
밤새도록 흑백 동영상 만드는가

봄날에

아지랑이 면사포 쓰고
뿌옇게 다가오는 여인아
파란 잔디 위에
빨간빛으로 피어나는
사랑의 꽃이어라

그 많은 애절함을 기울여
속삭이는 종달새마냥
정겨운 아지랑이 속으로
대지에 드리운 따사로운 햇살
꽃향에 취한 풀잎을 보듬어라

노란 꽃잎에 흔들리며
철책에 기대선 개나리 한 그루
살짝 다가온 봄 향기 나래 펴고
벌 나비 마중 더딘 걸음 오시는가.
쉰 번이나 기다리던 빛이여

이 봄으로 오소서!

*1985. 3. 한국항공대학 활주로 앞에서

갯버들 봄소식

잔설殘雪 시린 한적한 시냇가
갯버들 가지마다 따스한 햇살 적시고
시냇물 소리 꿰매
보송보송 솜틀 꽃 피워내고
토실 열매 살찌워서
아사한 향으로 익혀
누구의 입맛을 희롱할 작정인가.

물총새 이빨 닦는 소리 요란한
발바닥 간지러운 쉼터
산새 소리 자욱한 햇살 깃든 골짜기
산골 마을 가시내 가슴 부풀리듯
한껏 가슴 깃털 세운 굴뚝새
짝 찾는 소리 역겨워서
이곳이 아니라는 몸짓으로
휘적휘적 손 내젓는다.

겨우내 칼바람 맞으며
눈보라 흩날려 설화로 단장하고
앞산 이마 반사한 햇살 받아
눈물 고드름 달 즈음
도시 보일러 소리 힘 부치면
온풍기 히터기 신바람 불티나고

돌 틈 밑 흐르는 물소리 흐느낄 때
멀리서 입춘 깃발 달려온다.

훈풍에 억새 몸 부비는 소리 사각이면
가재 발맞추는 행진곡 지휘자처럼
잿빛 몸통 햇볕에 내맡겨
가지마다 부풀린 잎눈의 미소여
물오른 연두색 속옷 차림으로
유혹하는 수줍은 몸짓
한들한들 손수건 흔들어
그대 옷깃에 초록 물들이려나.

—2008. 7. 15

* 2009. 4, 「한국문인」지에 게재

곰배(령) 고갯길

곰배(령) 고개 길섶에 희귀식물 속새
얼마나 참았기에 뼈만 앙상하구나
무슨 사연 알리려고 고추 세운 몸뚱이
하늘 향해 도열하듯 옹기종기 모여서서
소리 없는 항의인가 꼿꼿한 함성이여!

계곡 맑은 물 흐름 정다운 속삭임
숲 터널 녹음 마시며 오른 곰배령
시오리 깊은 숨 몰아쉬는 그 길에
가슴 설렌 신비의 향 흩뿌리는
곰배 고갯마루 군락 야생화여!

수수만년 천장비지天藏秘地 속살 살포시 열어
가슴으로 기어드는 지친 군상들이
환희의 함성으로 소스라치는 흐느낌
주체 못할 감격을 토해낸 그 한마디는
모든 이의 가슴 터지는 그 소리 야호!

—2012. 7. 31

* 2013, 〈(사)인터넷박약회〉 회지에 게재

내 마음 잔디밭에

추색이 흥건한데
가신 임 돌아오지 않고
멀리 기러기 울음소리
외롭게 떨려오면
가슴속 붉게 탄 단풍잎
까맣게 재로 남고

추적추적 가을 빗소리
낙엽에 울부짖는데
동구 밖 어미 잃은 송아지 울음
시냇물에 잠겨들어
하얀 포말 터지는 소리로
그리움에 떠는 가슴의 고동

내 마음 잔디밭에
그대 발길 수놓으면
하늘 열려 천사의 치맛자락
나풀거릴 즈음에
초원의 향기로 피어나
한없는 행복에 젖게 하리라

내 마음 호숫가에
그대 몸 담글 때면

은빛 물결 여울져
훈풍으로 감싸게 하여
비단옷 자락에 국향으로
물들이게 하리라

내 맘의 창 한 자락에
그대 영혼 띄워 놓고
새벽 안개 면사포 흩날리면
따스운 입김 불어넣어
옷깃 여며 환희의 얼굴빛으로
반갑게 맞으리라.

* 2009. 「한국대표명시선집」 게재
* 2009. 12. 「한국문인」 게재

달빛 부서지는 밤

빨간 고쟁이 입고 나와
내 맘 적시더니
이젠 미성으로 다가와
신기腎氣를 건드리는가.
밤새 뒤척이는 사념 접고
봄빛 뿌연 연무로 다가와
그대 창문을 두드리노라

선한 눈빛 언저리에 숨은
잔주름 여울진 웃음 속
내 맘 허기진 연모의 정 뽑어내
연두색 대공 솟구치게 하고
몇 날 밤과 낮을 망설이다가
주황색 꽃망울 터뜨려
진한 난향으로 전하리라

설레는 심장 고동 소리
임의 귓전에 사랑 움틀 봄비 되어
날마다 그리움 사무치게 하여
달빛 창문에 부서져 내리는 밤
마음 커튼 한 자락 열고
오뉴월 단비 맞이하듯
그대 품속 열기에 젖어보리라

—2009. 3. 6

* 2009. 「한국대표명시선집」 게재
* 2009. 12 「한국문인」 게재

시향에 물들다

물안개 자욱한
시냇가에 앉아서
개구리 우는 소리 듣고 있으면
봄이 깊어짐을 알듯이

그대 시심에 젖어
선시를 외우는 것 보면
세상이 온통 시향에
젖어 있는 것 같도다

그대 입김으로 물들여 놓은
산기슭은 이미
봄의 전령이 찾아오는 소리
산마루는 알고 있음이라

그 시향 중생을 물들게 하여
시의 세계가 펼쳐지고 있음이
하늘도
땅도 다 알 터이다.

―2014. 12. 15. 02

시상詩想은 한낱 바람일레라

시상詩想은
파아란 하늘 구름 불러 모아
희망 언덕 저편에서 서성이다가
누런 들판 헤집고 억새 숲 지나는
히죽히죽 웃음소리
영근 꿈 언저리 맴돌다가
허공虛空 한편으로 사라지는
한낱 바람 같은 메아리

시상詩想은
산 속 개울가 벼랑 끝
골바람에 도래질하는 팔랑개비
시리도록 맑은 물 위에 맴돌다가
바위 틈새로 쏟아 붓는 폭포의 아우성
파랗게 질려버린 물이끼 조각
포말에 떠밀려온 낙엽에
물잠자리 발 닦는 소리일까

시상詩想은
고운 임 입술 스쳐 지나가듯
사랑의 향기 적시고 가는 휘파람 소리
가을 하늘 나부끼는 풍선의 몸부림
산골 마을 초가집 이엉 사이에 숨어들어

스산한 가을비 소리 들으며
오늘도 심술 일기 께적일
한낱 바람일레라.

* 2008, 「한국대표명시선집」 게재

아차산 자락에 누워

솔바람 솔솔 불어오는
팔각 '고려정' 가장자리 바위에 누워
하늘의 구름 한 자락 덮고 있으면
두꺼운 바위를 핥고 지나가는
풀벌레 울음소리 낭자하네.

초가을 소슬바람 솔향에 묻노라
꼬이고 휜 소나무 가지마다
사연들이 주절이 열려 있어도
햇살 쪼개는 소리 들으면서
고구려 구국혼 접고 접는가.

흥건히 적셔 있는 역사 내음 맡으며
소나무 그루터기 숨 가쁘게 밟고 오르면
보루마다 전설이 쏟아져 나오고
신라 백제 함성 한강에 녹아 있는데
무심 세월 참새들은 귀 막고 지나누나.

아차산 자락에 누워
강 건너 천호 암사 선사 유적지 품고
송파 잠실벌 몽촌토성 내려다보면
올림픽공원 세계를 품은 함성이
성내, 탄천 물소리에 녹아 들리는구나.

—2013. 9. 20 아차산 자락에서

산사에 어둠이 내리면

산사의 저녁 예불 끝자락에
밀려오는 적막을 헤집고
내려앉는 검은 장막 사이로
풀벌레 소리 허공에 흐를 때
켜켜이 쌓이는 어둠의 이랑

어제 오늘도 묵언처럼 고요한
산사 가장자리 방에 누우면
절벽 아래 흐르는 개울물 소리
우수에 젖은 나그네 심상은
영겁을 꿈꾸는 아미타불 미소

옷깃 스친 인연 떠난 자리에
아쉬움 기포되어 흔적 없어라
당겨진 미련의 끈 놓아버리려
기대와 희망의 교차점에 서면
농익은 대다라니경 염불 소리

대웅전 법당 울린 목탁 여운
눈 감으면 귓전에 맴도는데
지난 인연 찾은 뜨내기 맘
산바람 시려 잠 못 이뤄
산사의 어둠은 짙게 깔리고…

—2013. 8. 19 부전스님은 떠나가고

자목련 꽃필 때

아침 햇살 싱그러운데
창문 열면
철 지난 한여름
자목련 꽃 봉오리
초경 붉게 물들이고

봄비 맞은 연꽃마냥
수줍은 미소 머금었나
손끝마다 핏빛 힘줄 새겨
사혈하듯 햇살 침 꽂고
하늘 향해 합장하네.

향기로운 눈물망울 비친
눈부신 햇살 세레나데여
꽃잎에 추겨진 이슬방울에
살가운 어린 손자 입술처럼
금방 터질 것 같은 꽃망울

조릿대 잎 속삭이는
창문 건너 바람 소리에
참새들 단잠 깨우고
꿀샘 찾아 헤매는 벌 나비
꽃망울 터지는 소리 듣는가

—2009. 7

국화차를 마시며

봄날 아침 국화차를 마시는 것은
간밤 꿈속 지친 내 몸에서
국화꽃이 피어나는 것을
보았기 때문일까.

봄부터 여름 거치며
몸이 데워져 국향으로 삭여온
인고의 세월 다듬이질하여
진기를 뽑아 올린 노란 사연

이슬 차가운 살 떨리는 가을
국화 앞에 선 여인을 보면
농익은 복숭아 향 같은
터질 듯 아려오는 가슴의 비밀

뜨거운 찻물에 적신 혀끝에서
저려오는 오감을 느끼며
아침부터 시공의 씨줄 날줄을
엮어가며 국화차를 마신다.

—2011. 4. 16 아침

낙엽의 사연

한줌 가슴의 재를 뿌려
영혼의 뼈를 묻고
인忍을 극克한 고뇌를 씹으며
분노의 손 갈퀴로
그대 젖무덤을 할퀴다가
끝내 토해버린
핏빛 사연 가졌으리.

지고의 순결로 머무른 시공
파랗게 멍든 나날들이
스쳐가는 바람결에
도래질하다 떨궈버린 너
생의 허무에 시달리다
어느 한적한 돌담 사이 숨어
깊은 잠을 청하리라

때로는, 눈부신
사유의 구름꽃 피워내
목 타는 들녘 소낙비로 적시고
작열하는 뙤약볕 아래
지친 농부의 등줄기 후미진 곳
산들바람 불어 넣어
단꿈을 꾸게 하리라

되돌아볼 여유도 없이
젊음을 불태우고
내일에로의 기약 없는
꿈을 헤집다가
쓰러지듯 지고 말지라도
삶의 실타래 풀어
한 줄의 사랑시를 읊으리라

어쩌다
말라버린 모래 틈 사이에서
한 송이 패랭이꽃으로 피어나
안개비 불러내려 안으로만 삭이다가
물푸레나무 열매로 익어
종달새 깃털에 숨어들어
절벽 위 바위틈에 씨 뿌리리라

드디어, 그대 귓전에다
자갈 구르는 소리로
침잠에서 깨어나게 하고
회오리바람으로 환생
떨궈낸 자리로 올라붙어
허공 향해 소리쳐
내 영혼의 옷깃 붉은 사연 새기리라

* 2008. 「한국대표명시선집」 게재

가을 들녘
—홍성을 지나며

금가루 한줌 뿌려놓은 들녘
창공 솟구친 참새 떼 한 무리
비상하는 날갯빛 닮은 가슴
환희의 서곡으로 물들이는가.

백야 김 장군 한마디 큰 호령에
용봉산 물러나 저만치 비켜나고
백월산 자락마다 어리는 서기瑞氣
홍성 넓은 터에 알찬 열매 익어가리

형산 품안에서 젖줄 잡고 태어나
청룡산 바라보며 만해卍海 꿈 그리면서
고란사 종소리 구도 향에 적셨다가
한 많은 삶의 지혜 법륜法輪에 살았나니

선비 충절의 열매 예산 훑어보니
가을 들녘마저 충혼忠魂에 물들고
숨소리 가쁜 차령산맥 끝자락에
일획통천一劃通天할 추사 묵향 그윽하다

—2008. 10. 16

시드니의 기쁨

-외손녀(서영)가 태어나던 날

2006년 8월 19일 10시 59분
화창한 봄 하늘처럼
싱그러운 꽃향기 그윽하듯
용날 용녀가 금뱀을 낳고
하늘에서 여의주 떨어지듯
열흘이나 빠르게
나에게 옥구슬 하나 안겨주었네

감격이라 하기엔 기나긴 기다림
그 기다림이 환희인 것을…
천신기天神氣를 보낸 정성일까
곱고도 영롱한 옥구슬
날이 갈수록 신기하고 예쁜 얼굴
향기로운 체취에 취해
이 할비 날 가는 줄 모르겠네.

샛별 같은 눈동자에 홀려
오금 저려 꼼짝 달싹 못하고
하루 이틀 사흘 어느새
스무날 꿈같이 흘러가고
오늘은 '이스트우드'에
내일은 '애 핑'에라도 가서
누굴 잡고 이 기쁨 나눠주랴

그 다음날은
'멜 본, 캔버라'에라도 갈거나
그렇지 않으면
'블루마운틴' 절벽에 서서
'마스필드 크리미아 로드 37/102'에서
용트림하여 여의주 하나 얻었다고
목 터져라 소리쳐 볼거나…

지금 막 잠에서 깨어나
벼락 치는 소리로 세상 놀라게 하고
태산을 걸머진 듯 용 크게 쓰고
얼굴 새빨갛게 다리 한번 쭉 뻗어
타는 노을 눈부시듯
황금빛 변을 방사放射할 때면
애비 얼굴 홍당물세!

—2006. 9. 2

* 2008. 「한국대표명시선집」 게재

신나는 삶
-딸, 며느리 임신 소식에

당신과 나의 생각
십 리 백 리만큼
멀리 떨어져 있어도
사념思念 실타래
거미줄 걸어
엉켜 살아온
사십여 년 얼레질
당겼다 놓았다 했었지

때론,
튕겼다 안았다 하며
미루나무 다래넝쿨 감듯
세월 새끼줄 꼬아
마디마다
잎, 열매 달아
영글게 하고
돌틈 헤집듯 살아왔었지

땀과 눈물 삭어
뿌리 뻗을 즈음
그대 갑년 맞아
무자년에 쌍고동 불면
하늘에 줄 걸어

시공 넘나들며
환희의 애드벌룬 띄워
또 한 차례 서울과 시드니에서
동시 축포 쏴야 하지 않겠소.

—2008. 6. 3

수락산 다람쥐

청솔모 날으는 수락산
토실한 도토리 한줌
돌담 사이에 박아 놓고
인간 다람쥐 넓은 치맛폭에
알토란같은 밤톨 한 됫박 쏟아놓고
알밤 송이만 쳐다본다

다람쥐야!
날쌘 참다람쥐야
네 모습 보여 다오
영원사 염불 소리 한가한데
바위 밑 토굴 뚫어 부처님 품안에서
참선수행할 참인가

바람에 흩날리는 낙엽 따라
산새 소리 스산한데
뚝뚝 뚝 떨어지는
상수리 신세 애처로운
찬서리 눈보라 쌓이는 겨울
허기진 배 채워줄 수락산 다람쥐야

관세음보살 관세음보살 관세음보살
나무아미타불 나무아미타불 나무아미타불

—2008. 9. 9

가을비

성근 빗방울
그대 가슴에 내리는데
먼 산 언덕배기 뿌려지는
하얀 운무
입김으로 맞으리까?

뿌우연 기운
골짜기 산기슭 휘감고
정처 없이 날으는 철새 한 마리
한가로운 몸짓으로
북쪽 하늘 가르는데

비탈진 오솔길
소슬비 맞으며 서성이는
옷깃 세운 노신사
누구 체온을 곱씹으며
발걸음만 헤집는가?

* 2008. 신인문학상 수상작
* 2009. 4「한국문인」게재

가을 향기

추월산 갈잎 날아오르면
단풍잎 회오리바람에 묻어
소매 스치고 지나간 자리
불타는 영혼 잎새 물들이네

먼 하늘 기러가로 날아올라
빨간 사과 한 입 가득 물어서
그대 코끝에 향긋한 향 적셔
가슴 벌렁 설레게 하리라

주절주절 열린 가을 향기 따다
임의 침실에 뿌리고
벅찬 가슴속 파고든 낙엽
환희의 선율로 물들게 하리라

황금 들녘 부는 바람 따라
백두대간 훑어내려 온 추색 전령
창공을 수놓는 갈잎의 비상
내 마음속 스며드는 가을 향기

–2008. 10. 30

팔월 대보름의 소망

숨죽이고 다가오는
보름달을 상상해 보라
무한한 우주공간에
크고 둥근 밝은 모습
우리를 비춰줄 해맑은 얼굴
그는 분명 천문을 열게 한
기쁨의 화신이었어라

나는 확신하노라
오늘은 그날의 전날
무거운 구름 하늘 가려도
틀림없이 내일 날 저물 무렵
그 임 오실 시간쯤
나와 당신 마음 열게 될지니

그리하여
굳게 닫힌 하늘 길 열리리라
벌써부터 가슴이 고동친다.
희열이 용솟음친다.
희망의 서원 무참히 꺾지 못하리라
밝고 맑은 그 얼굴 내보이소서

오늘부터 우주의 기 다 모아

임의 모습 그리며
무한한 우주 에너지 작용
오로라 현상을 보았느냐!
천신기天神氣의 힘으로
푸른 하늘 문 열게 하리라.

사랑하는 임이시여!
그대 등 뒤에 숨어
365일 동안
임 기리는 열망으로 밝은 미소 보고파
정월 대보름 달집도 태웠노라.
온 인류의 염원이었느니

보라!
저 먹구름 속 장대비 품었으니
이천십년 팔월열나흘 아침부터
오직 그대 그리는 마음 다해
뇌성벽력 같이
우렁찬 함성으로 그내 맞으리라.

하루 반나절 후면 떠오를
밝고 둥근 그 모습
왼 종일 성심 다해 합장기원

4차원 세계의 기와 정성만으로
임 오시는 하늘 길을
맑고 화창하게 열리게 하리라.

—2010. 9. 21 11 : 00

아들에게

불끈 떠오르는 너의 얼굴에
환한 웃음꽃을 피워다오
올해는
더욱 영근 머리로
어학도 기능도 운동도 함께 익혀
먼 훗날 은린銀鱗처럼
번개 같은 빛을 발할
지혜의 탑을 쌓자구나

천 리 머나먼 곳에 역으로 유학하여
밤을 낮으로 되채기 함은
일렁이는 바람결에
세월만 흩날려버릴
공허로움 떨쳐 버리고
생활 리듬을 가다듬어
호탕한 사나이로 자리매김해
크고 높은 포부를 키워 가자꾸나.

안이 꽉 찬 곡식은 윤기 나고
향기롭지만
속이 빈 열매는
바람결에 흩날리기 쉽고
소리만 요란하여

썩기 쉬워 향기마저 잃게 되나니
부디 알찬 열매로 거듭나
오늘의 열정을 내일의
성공 밑거름으로 다잡아 보잣꾸나

—1992. 3. 아들 지방대에 보내고 나서

단장斷腸의 슬픔 묻고
–누님 무덤 앞에서

당신의 넓고 크신 공덕
집안 밝히시고
생전에 들려주신 말씀
“동기간 우애, 일가친척간 화목”
몸소 실천하시고
본 보이셨네.

아들 딸 키워낼 때
경부선 완행열차 삼등석
뜬눈으로 긴 밤 지새우며
몇 번을 오가셨던가요?
긴 한숨 접어 옷 지어 입히고
피땀 눈물 꿰매 사랑 밥 먹이고

일천간장 다 녹여
삼백육십 뼈마디 마디에
골수 넣고 살 붙여
참된 자식 만들려고
갖은 고생 다하신
자상한 누님이시여!

살갗 에이는 추위와
눈보라 찬 이슬

샛바람 허기에 지쳐
숨차고 괴로운 병
천식으로 고생하시다
홀연히 가신 날이 어제 같은데

해가 가고 달이 가도
돌아오시지 않는
그립고 보고픈 누님이시여!
잊지 못할 그 크신 은혜
어찌 갚을 수 있으리오
못난 동생 시 한 수 바치옵니다.

—1999. 10

새끼줄 인생

새끼줄에 엉킨 사연
마디마다 눈물 고여
한 마디 꼬여질 때
합장하며 소원 빌고
두 마디 넘어갈 때
눈물자국 묻어나네.
인생길
머나먼 길
새끼줄 엉켜가듯
세상사
내 맘대로
살 수 없는
새끼줄 인생

—2008. 10. 18

가을 연가

아차산이 익어간다
파아란 하늘 아래 누런 단풍 물들고
골짜기마다 삼삼오오 모여앉아
세상살이 바느질하는데
나무 그늘 밑 양산 가리고
무엇 하는지 궁금한데…
산새 한 마리 가지에 앉아
짝 불러 사랑놀이 하는구나.

바람 따라 가을 영글고
솔향에 취한 한량
소나무 둥치에 기대앉아
그 누구를 관상하는가!
그리움에 젖은 한숨
젊음 불태운 산등성마다
오색 등산객 가쁜 숨소리
나뭇잎 익어가는 소린가

햇살 달군 빗긴 바윗돌
등 붙이고 누우면
흐르는 흰 구름 한 점
눈시울 적시우고
쪽빛 창공 가로질러

허공 속으로 사라지는
비행기 궤적 따라
지난 내 생을 팔매질해 본다.

—2014. 10

먼저 떠나간 친구야

—불의의 교통사고로 운명한 관현

야! 이 친구야
차나 한 잔하고 가시지
세상사 다 내려두고
방하착할 겨를도 없이
오늘을 이고 내일로 향해
태풍처럼 살다간 친구야
종점 없는 막차 타고 어디로 가셨는가.

온 산이 단풍 빛으로 흥건한데
밤 기러기 슬피 울며
화살처럼 날아간 창공을 보라
그대 지나간 길섶에는
귀뚜라미 소리도 처량하이
어느 초막에 촛불 켜고
지난 정담을 꿰매고 있으신가.

살아생전 철길에 핏빛으로 물들여 놓고
그래도 모자라 아스팔트 길 위에
핏자국만 남기고 가버린 친구야
'녹 슬은 기찻길'은
메아리되어 지금도 흐르는데
지난 세월의 끈을 누가 당겨서 만나랴
이 가을 홀연히 떠나버린 내 친구야

—2005. 4. 5 17 : 00

선녀와 옹달샘

미련한 백발 나무꾼
선녀탕 만든다고 옹달샘 파네.
한 자尺 두 자 석 자…
파고 또 파고 아무리 애써도
물속에 비친 모습 흰 구름뿐
선녀의 마음속 알 수 없어라

무슨 사연 있어 마음 설레게 하고
붉은 입술 시원한 눈웃음은
오금 저리게 하는 마법의 명기
방금 천상에서 흰 구름 감고
하늘하늘 옷깃 흩날리며
뿌연 안개꽃으로 내려온 천사

풀잎에 매달린 이슬처럼
백발 과객 가슴 흔들어 놓고
공양 시간에 부르는 목탁 소리에
양떼처럼 모여든 핏기 없는 군상
죄 없는 잡초만 뽑나 지친 사람
허기진 심신 달래줄 공양보살

사업 실패해 피신 온 김 회장
간암 수술을 네 번 받았다는

산 잘 타는 제주도 고 사장
기관지 약해 요양 온 김씨
개에게 입술 물려 치료중인
착하고 부지런한 젊은 김씨

주지 벽담스님,
부전스님 혜주, 원각
절 살림 도맡은 총무 보덕화 송보살
눈웃음 고운 공양주 보리심 장보살이
남정네들 마음 설레게 해 놓고
말없이 떠나간 선녀보살이어라.

—2013. 8. 18

선재도 사연

문자놀이 밤 지샌 찜질방 얘기
헛소리만 하다 올빼미 꼴이 된
미명의 새벽 시간 꿈인지 생신지
선재도 가자는 신선미 문자 유혹
정신 나간 바보가 달려간 곳

울렁이는 가슴 온몸 달군 사람
꿈같은 추억 곱씹으면서
유난히 차가운 세찬 바람 안고
기약 없는 발길 비호 같이 달려간
선재도 앞 눈비 맞은 개 신세

말없는 눈길만 오간 그리던 사람
터질 듯한 심장의 고동 천둥이련가
경호원 눈빛에 오금저린 못난 장수
묵언 수행중인 스님이 되었는가.
안아 주고픈 충동에 헛기침 소리만

눈 한번 제대로 맞추지 못한 사이
진한 연정 실타래는 감겨오는데
마주한 식탁 사이가 멀기만 하구나
뜨거운 칼국수 그릇에 담긴 낙지처럼
힘 빠진 눈동자 술잔 속에 잠기고…

—2013. 12. 12 선재도 추억 만들기

개천문開天門

내 머리 정수리 백회
타원형 천문 열고
온기로 적셔오고
온몸 모공 열어
더운 바람 들락날락
콧숨이 필요 없네.

전신 뜬구름 되어
창공 비상飛翔의 나래짓
지고至高의 순수한 마음으로
천문 열어 하늘과 소통하고
용천으로 지기地氣 받아
발걸음도 가벼워라

공공공심으로 대양 기 받아
활력 증장되니 만병 없어지고
수맥 차단하면 음, 양택 명당일세.
주거환경 청정하면 만사형통하고
가정화목 자손 번창하니
심신이 화평하네.

염원하는 지구촌 구세 작용
기수련으로 염력 증장되니

'인류건강과 세계평화'를 위해
'없으면 있게, 안 되면 되게'
천기지기 소통하는 천신기天神氣가
천지인天地人의 군기도君氣道라네

—2008. 4

보리선수 이야기

백옥같이 맑은 맘에
뿌려놓은 보리씨앗
새싹 되어 푸르리라
한 달 두 달 열매로 영글어서
한 섬 두 섬 거둘지니
청아한 각성스님 음성공양
오탁세계 씻어내리

'옴 베칸제 베칸제 마하 베칸제'
약사여래 부처님 전
청정심 무병장수 합장발원
보리선수 약사선원 찾은 마음
불보살 이룰 서원 가피되어
무상보리 이루어지리라

내 맘의 갈등일랑
싹 싹 싹 두 손 비벼
그 열기 눈에 쏘아 광명 서원하고
얼굴 한번 스치면 빛나는 맑은 피부
손끝으로 머리 토닥여서
백발이 흑발되니 백팔번뇌 사라지네.

향기로운 '성간법사' 말 한마디

맑은 눈 밝은 세상 이명이 사라지네.
탁한 몸 정화는 벽곡수행 으뜸이고
내 몸 때 닦는 오체투지 수행공덕
자연의 무한 생명 에니지원 팔괘
천수천안관세음보살의 자비원력일세

몸속 질병 씻어내는 '약사여래심주'
우주의 기 전수받는 '대광명 수지법'
청정심 닦고 닦는 '보리청정 관상법'
약사여래 수기 받은 진푸티 상사의
세계 보리천국 원력 세운 가피력에
인류가 감동할 보리선수 약사선원

–2014. 6. 29

그대 그렇게 가시는가

-먼저 간 친구(규직) 영전에

오호통재嗚呼痛哉라
버려진 시간 서너 뼘 남겨놓고
매서운 고춧가루 향에
가시눈물 적시듯
충혈된 눈 언저리
그대 얼굴 묻어 있네

초롱별빛 이고 오는 날
은빛 날개 반짝이며
촉새 꽃씨 날아
어느 담 구멍에 박아놓고
비 뿌려 해 뜰 날만 기다리다
그만 지쳐 하늘나라로
먼저 떠나가시는가.

꿈 많던 까까머리 시절
부산 남포동 뒷골목
어느 선술집 가장자리 구석진 곳
괴테 철학 시문학 논하고
'다비문학동인회' 결성 시화전 열어
언론에 극찬 받던 날
유명 시인이 된 양 기뻐했었지

호기등천하여 활동하던

그 친구들 경향 각지에서
오십 년 긴 세월 잘라먹고
문수는 부산에서
낙홍은 울산서 청춘 요절하고
상열은 모 중견회사 중역으로
본순은 교직으로 정년퇴임하였지

수년 전 천 리 머나먼
내 집까지 찾아와 차 한 잔 나누고서
갈길 바쁘다며 훌쩍 떠나보내고
얼마나 섭섭했는지 그대 아는가
삶을 포기한 사람처럼
그렇게 매정히 뿌리쳤단 말인가
그동안 소식 끊고 어찌 지냈던가.

그래도 문학 끈을 놓지 않고
몇 권 '해운대문학'지에
실린 수필과 시를 대하고
큰 감동을 받았었네.
고희古稀 지난 삶의 진실이
묻어나는 행적이 고스란히 남아
더욱 가슴이 아려오는구나.

세인世人이 회자膾炙하는

삶의 가치를 일궈낸
친구였지 않은가
부富도 명예名譽도 다소 얻고
좋은 이웃 궂은 일 마다않고
열심히 살지 않았던가
몸 마음 다 바쳐서…

인간 관계를 중하게 여겨
동洞의 살림살이 도맡아 처리하여
해운대 발전 주춧돌 되었지
그 모든 것 무엇이건데
내려놓지 못하고
가져가지 못할 짐
남기고 가신단 말인가

그대 육신의 다비茶毘는
본래 자리 회귀回歸인가
혼魂과 영靈은 연기煙氣로
백魄은 한줌 재로 남아
벽壁 한 모퉁이 자리 빌어
영생불멸세계永生不滅世界에서
영겁永劫을 꿈꿀 건가

—2008. 2. 27

2부

추억으로 가는 길

당신은 누구십니까

밤마다 명주 이불 속 찾아드는
향기로운 체온으로 단장하고
가슴에 다듬이질하는
당신은 누구십니까

새벽녘 찬바람 가로막아
무거운 눈까풀 헤집으며
권태로운 콧김 불어넣는
당신은 누구십니까

밤새도록 머리맡에 앉아
헝클어지는 꿈속 길을 밝혀
잠든 사유思惟의 실마리를 쥔
당신은 누구십니까

천길 절벽 끄트머리에서
미증유未曾有의 구름꽃 피워내어
산허리 휘감아 하늘 길 여는
당신은 누구십니까

내 마음의 초원

내 마음의 초원에
나비 한 쌍 날아와
앞서거니 뒤서거니
향기 찾아 짝을 짓고
이름 모를 꽃술마다
꿀벌들의 숨바꼭질
꿀샘 찾아 여념 없네.

그대 체온 머물고 간 풀밭
내 영혼 뉘여 놓고
한가로운 노래 띄워
짝 찾는 철새 불러내려
풀잎 시린 이슬방울 모아
은실 수놓은 거미줄 망에 담아
지친 철새 목 적시게 하리라

내 맘의 창문을 열고
싱그러운 바람에 적셔
울울한 심상의 강에
한 줄기 연정 실타래 풀어
깊은 희열에 젖은 닻을 내려
바람에 일렁이는 일엽편주에
그대 마음 깃들게 하리라

물속의 향연

시리도록 맑은 개울물 속
모래알 세는 다슬기 가족
이사하기 바쁘다네.
물살 가쁜 바위에 붙어
촉수로 길을 닦고
새끼들 앞서거니 뒤서거니
힘 부친 걸음마 짓은
미동으로 이어가는가.

닦아 놓은 길섶 가장자리
새끼 오형제 잠든 사이
물살 가르는 버들치, 가시고기,
피라미, 불거지 떼
힘 자랑 한창일세.
바위 돌 틈 사이사이
오르내리는 열병식 연습을
언제 끝내려 하는가.

긴 수염 가재 할아버지
아침 햇살 등에 지고
굴삭기 집게발로
집수리 한창이고
갑옷 입은 물방개 가족

이곳 저곳 점검하며
아침점호 정신없네.

바위틈 큰 돌 밑
메기, 뱀장어 집앞
진수성찬 차려놓고
꾸구리 형제 보초 세워
모래무지, 송사리 떼 한데 모여
면경처럼 맑은 개울에서
물속 잔치 펼치려나.

강변 오솔길

'가면 오리
오면 십릿길'
또 한 번
오가면 이십릿길
청숫골 나룻터에서
갈매기공원까지
강변 오솔길은
건강 길 사랑의 길
즐거운 인생길

올림픽대로 하늘 날으고
한강물 끝없는 길
인간사 엮어갈 희망의 끈
가슴마다 피어나는 훈훈한 인정
정다운 눈길 따라
마주치는 웃음 띤 얼굴 얼굴들
아침햇살 안고지고 걷는 길
아카시아 꽃향기에 취한
정겨운 콧노래 길

세상사 근심 걱정 내려놓고
몸 마음 비우는 길
억겁으로 엮어갈
옷깃 스쳐 쌓이는 인연

마주치는 밝은 얼굴 얼굴들
비둘기 종종걸음
사랑 따라 꾸룩꾸룩
싱그러운 숲속 길은
엔돌핀이 샘솟는 길

그 옛날
갈매기 날던
압구정 정자에서
흐르는 물 내려다보며
세상 시름 술잔에 띄워
시 한 수 읊조리던
그 낭만 간 곳 없고
소음 찌든 올림픽대로
매연 속에 지쳐 있네

청숫골 나루터
노 젓던 뱃사공 노랫소리
강물 따라 흘러갔고
달빛 씻고 별빛에 씻긴
천년바위 어디 가고
콘크리트 옹벽만 비스듬히 누워 있네
바람결 은은히 들려오는
봉은사 범종 소리

허공에서 맴도는데

어차피
지나간 시간들
돌아보면 어이하랴
인생길 번뇌 망상
적멸 강에 띄워 보내고
벗어놓고 내려놔도
고달픈 인생길
한 서린 그 세월 세월들
엮고 꿰매본들 무엇하랴

가면 오리
오면 십릿길
오가면 건강 이십릿길
청숫골 나루터에서
갈매기공원까지
할배, 할매, 아저씨, 아줌마,
아기 안은 어미 애비
강변 오솔길은…

* 2008. 신인문학상 수상작

문안사 툇마루에서

등줄기 타고 내려온 땀방울과
가마산봉 아랫도리 휘감은 운무雲霧
영 넘어 산등 속살을 핥으며
문안사 앞마당 넓은 모래 위에
소리 없이 서성이다가
이슬비 되어 내리는데

원각스님 콧등 스치고 간
소슬한 바람기 열린 창문 사이로
검은 산모기 몰고 내려오고
방안 휘젓던 쇠파리 한 마리
모기장 창틀 안에 갇혀
날갯짓 멈추었는데

희수稀壽 지난 벽담 큰스님 누더기 장삼
땀방울 마를 날이 언제일까
인연 따라 오간 인생 수십만이 넘었는데
또 무엇 이루려 항하사恒河沙를 꿈꾸는고.
어차피 토굴 인생 내려놓지 못한 소원
천년 고찰千年古刹 꿈 이루어지려나.

—2013. 8. 18 가마산 기슭에서

연정戀情

—사랑시詩 읊어 볼거나

아려오는 지난 사랑 곱씹으면
가을비 추적추적
낙엽 두드리는 소리에
뒤척이는 밤이 아쉬워
팔베개 저려오는데

눈꺼풀 무게 더해질 무렵
풀벌레 귀뚜라미 소리
이명耳鳴 속에 묻어나고
고희古稀 넘긴 연륜에도
사랑 메아리 뇌파에 실려 오고

가슴 깊이 묻어둔 정情
끄집어내어 다듬이질하여
이불 위에 펼쳐낸 사연
자줏빛으로 곱게 물들이고
연정 한 다발 풀어 보리라

—2009. 2. 13

동반자 관계

나의 파랑새
동반자여!
잠 못 이룬 밤이 얼마였던가.
내 품속에 깃들어
잠든 날이 수없이 많은데~

가슴 터지도록 달군 시심
불태워 재가 되고
내 사랑 그대
꿈결 한 귀퉁이에 스며들어
아련히 전해진 미증유의 숨결

꿈속 한 모퉁이에 기대여
새록새록 잠든
살가운 얼굴 바라보면서
꽃술에 앉아 꿀에 취한 벌처럼
향기에 젖어 선계로 이끌
안내자가 되어볼거나~

–2014. 12. 12

내 사랑 아차산아

숨이 턱밑에 닿도록 바삐 오른
아차산 4보루에 서서
가슴에 차곡차곡 쌓아온 사랑의 씨앗
한 바가지 퍼내 푸른 숲 위에
입으로 품어 흩뿌리면
온 산자락 사랑 무지갯빛이어라

팔 벌려 우주의 기 품어 안으면
온몸 솔향기 가득 적시고
동쪽 천마산 고살뫼高山 뻗어 있고
남쪽 갑산 고덕, 예봉산 형제처럼 서 있는데
굽이굽이 흐르는 양수 한강 물줄기
덕소 구리 지나 광나루에 머무는가.

청숫골 옥골 지나 압구정 이른 물길
남산 자락에 밀린 파도에 달빛 둥둥섬 띄워
반포 동작 현충원 영령 위로하는가.
용산 용두 휘몰아친 가쁜 물살
여의섬 머리 63빌딩으로 용트림하고
마포 나룻배 떠난 곳 뱃고동 소리 그리운데.

대성암 법당 사시예불 목탁 소리
평강공주 온달장군 연정이 스며 있고

솔바람에 쌀 쏟아지는 산사 풍경 소리
감로수 등산객 목 적시는데
아차산 솔 그늘에 마주앉은 연인들
정겨운 사랑 얘기꽃 해님이도 몰라라.

―2014. 6

몽촌토성에 앉아서

어제는 아차산
오늘은 몽촌토성에 앉아
힘 부치면 솔향기에 젖어들고
오가는 젊은 건각들 바라보면
이천여 년 전 백제군 함성과
강 건너 아차산 보루에서
고구려 장수왕 호령이
버무려진 아리수는
지금도 유유히 흐르는데

무상세월 접고 접어
성내천 탄천 이은 물길 잘라
토성호와 석촌호로 갈라놓고
잠실벌 달군 그때의 열기
경기장마다
그 함성을 식히지 못해
123층 빌딩 솟구치게 하는가,
우뚝 솟은 평화의 문 아래
지금도 불타고 있는 88의 성화여!

—2014. 6. 10

슬픈 꿈으로의 초대

살쾡이가 할퀴고 간 자리마냥
가슴 쓰린 상처 남겨두고
하늘 가신 어머님이시여!
지금 어느 하늘에서 외로이
못난 자식 보고 계시는지요
살아생전 잘 모시지 못한
불효한 죄 어찌 하오리까

간밤 꿈속에 나타나셔서
속 불편해 드시던 밤톨 환약
못 드시게 빼앗고
제가 먹든 위장약 드시게 하여
괴로워하시다가 뺏은 환약 더 드시고
원망스런 표정으로
떠나가신 어머님이시여!

터질듯 복받치는 슬픔 삭이지 못해
이 불효자는 오늘도 울보마냥
한없이 눈물만 유리창에 뿌리고
울컥 울컥 슬픔 삭이다가
파도처럼 밀려온 울울한 심상에
장막 드리우듯
회한의 심연으로 빠져듭니다.

뙤약볕 햇살에 뜬구름 스치듯
간간히 사유의 불빛 스칠 때
무거운 눈꺼풀 풀어내려
한꺼번에 검은 구름 몰려와
사념의 시야를 뭉개며
이명 소리 그칠 때 꿈 부른 침묵
검은 장막 불러 내리도다.

—2008. 8. 25

달비 어머니

청상靑孀의 설움
달빛에 씻어내고
어린 자식들 배 곪길까
걱정으로 지샌
그 많은 밤을
소쩍새는 알고 있겠지요.

검고도 많은 머리카락
참빗으로 빗어
길고 좋은 것만 잘라 모아
만드신 *'달비채'
남모르게
방물장수에 넘기시고

이산 저산 험준險峻한
첩첩산중疊疊山中 헤매시며
삽초, 주초朱草, 잔대
산도라지, 더덕 뿌리
온갖 약초 다 캐 모아
처마 밑 그늘에 말렸다가
삼, 팔三八 창녕昌寧 장날
동트기 전 어린자식 잠깨기 전
새벽밥 지어

상 차려 덮어 두고
돌밭길 이십릿 길을
쏜살같이 내달았지요.

지치고 허기진 배
물 한 모금 때우시고
포목布木 보따리 이고 들고
태산준령泰山峻嶺 넘으실 때
흘리신 땀방울
시냇물에 비견比肩하리오

비가 오나 눈이 오나
이 고을 저 마을로
바람처럼 다니시며
고달프고 힘드셨던
삶의 나날들
하루 두 고을 네 동네 돌아
세상사 살아가는 이야기
풀어낼 겨를도 없이
바람처럼 내달리며
세 아들 잘 되기만 바라시며
질경이처럼 살다 가신 어머님
어느 하늘에 계시옵니까?

고희 앞둔 때늦은 지금
이 불효자는 눈물마저 메말라
가슴 치며 통곡합니다.
형제간 우애 일깨워주시던
그 크신 뜻 받들지 못한 이 못난 자식
어찌 하오리까 어머님이시여!

–2005. 10

* 2011. 〈인터넷박약회〉지 게재

* 달비 : 1) 월이月伊, 월자月子라고도 하며, 방언으로 다래, 또는 '달비'라고도 한다.
2) 1960년 이전에 가난한 부녀자가 긴 머리카락 잘라 모아 방물장사에게 팔아서 용돈을 마련하였는데 머리카락 묶음을 '달비채'라 하였음. 아마 일제시대 가발(?)용으로 또는 머리털이 빈약한 사대부 집 부녀자 머리 장식용으로 사용한 것으로 생각됨.

도봉산 오르다

낙엽이 뒹굴듯
울긋불긋한 군상들
전투하듯 완전무장 도봉산을 공격한다
우이암 정복하라! 전투 명령받고
능선 향해 단풍잎들 날아오른다.
비명처럼 나뭇잎 스치는 소리
고희의 세월 꿰매 달고
목에 쇳소리 내며 헐떡거린다.

산이 좋아 오르는 사람
건강 찾아 오르는 사람
친구 좋아 오르는 이들이
가쁜 숨 턱에 차도록 오른다.
땀방울 등줄기 적시는 두 시간 남짓
우이암 버금하는 높은 등성이 올라
낙엽 지듯 골짜기로 스며들어
그늘 속 스러지듯 잠겨든다.

가쁜 숨 몰아쉬며
땀방울 수건 하나 적실 즈음
내 몸 세포들은 기지개를 켜고
기력의 한계를 극복하려 애쓴다.
탁주 한 잔 들이키는 꿀맛이여!

'양줏골오리마을'에서
척후병으로 띄운 세 명의 여전사
무사히 잠입했다는 소식 오버!

후퇴명령 받은 대원들
삼삼오오 경삿길로 쏟아져 내려
허기진 배의 돌격명령에
쏜살같이 달려 낙엽 쓸어 담기듯
오리마을 안으로 빨려든다
냉수 한 컵 정신없이 부어넣고
점호하듯 낙오병 없음 확인하고
식탁 마주하고 앉으니 식사준비 끝

승리의 축배!
건강백세 건배!
샴페인 터뜨리듯
소줏잔 높이 들고 브라보!
칠순 청춘을 마시며
뚜껑 열리도록 마시고 취해 보세!
건대 15 등산동우회 만만세!

—2008. 11. 6

수덕사의 여운

일엽선사 비구니 스님이시여
그대 속세 인연 가슴에 새겨
수덕여관 방 한 칸 빌리려 갔으나
주인은 간 곳 없고 마음 문만 열렸어라

덕 닦은 흔적 칠백년 유구한데
그 기림 이어갈 길 멀기도 하구나
경허 만공 벽초 혜현 고승대덕 향기어린
선지종찰 우뚝하니 차령의 꽃이어라

덕숭총림 수덕사 대웅전 높이 솟아
대자대비 삼존불 위력 발현으로
용화세계 화현한 문화유산 품었으니
불국정토 열어갈 서방선의 종宗이어라

—2008. 10. 18

* 2009. 5. 시청 앞 전시회 출품 선정작
* 2009. 5~2015. 10. 현재 이수역 내 전시 중

그리움

그리움
그리움
그리움을 그리다가
가슴 쓰린 상체기 하나
이 악물고
눈물방울 뿌려
손끝 저린 그리움으로
먼 허공 한 자락 잡고
달려오는 그린 몸짓으로
시린 상처 감싸 안으면
그리운 줄도 모르는 그리움에 젖어
아스라이 잊어가는
추억을 태질하고
손 털고 나면 또
다가오는
그
리
움

—2008. 10. 5

* 2009. 「한국대표명시선집」 게재
* 2009. 12. 2 「한국문인」 게재

내 안의 나

아무 생각 없이
무심 무념의 경지에 이르는 길
선승이나 하는 지고지순한
발원의 결실이겠지
꼬리에 꼬리 물고 일어나는 번뇌와
상념의 실타래 언제 끝내랴

아무리 세월을 꼬아본들
끝이 없고
발끝 저리게 달려봐도
다람쥐 쳇바퀴 돌듯
바람 갈림길에서 내 맘 들여다봐도
생경스런 또 하나의 초상만 있을 뿐

—2009. 3

자화상自畵像

반백년의 사고思考 뿌리 뽑아
내면 심상에 불 붙여
시향詩香으로 적시고
골수骨髓 맺힌 한恨의 한 자락
붓끝으로 풀어내고
황혼 아쉬움 펼쳐내어
지난 세월에 물들이리라

퇴색한 사념思念 언저리에
월계수月桂樹 한 그루 심어
자란 가지 하나 잘라
어린 손자에게 월계관 씌워
가슴 울리는 풀피리 소리로
먼 훗날 불붙은 열정의
희망 씨앗에 물 뿌리게 하리라

옹골찬 희망 덧없이 지나가고
풍진세상 귓전에 방울 하나 달았으나
무심한 세월 흔적만 남기고
이곳 저곳 기웃거린 깊은 상처
가슴에 쌓인 재를 언제 씻어내리
번뇌 망상 참회 칼로 잘라내고
버리고 또 비워 하늘처럼 맑히리라

허무의 기나긴 터널 지나고
뜻 세워 영글게 하는 사명 안고
적수공권赤手空拳 공공공심空空空心
하늘의 뜻 그러할지니
아상과 아집 기氣로서 쓸어내고
청정淸淨 보리심菩提心으로
지나온 빈자리 샅샅이 살펴보리라

—2008. 7. 13 새벽

추억을 넘어서

허물어지는 영혼 뒤안길에서
혼미한 기억 더듬어 보면
슬픈 사랑의 절규가 있어
지친 임의 영혼 담아
먼 훗날
천상에서 만나리라

감잎 떨어진 자리에서
곶감 되어 마를지언정
차곡차곡 쌓인 사랑 열매
단풍잎 덮고 살아도
산고를 잊은
잉태의 기쁨으로 살리라

생명을 담은 배 안에서
모정의 숭고한 정성이
너와지붕에 꽂힌 단풍잎처럼
가슴 벅차게 익는 밤알 되어
세월 가면 위대한
탄생의 보람으로 살리라

—2008. 11. 1

농민의 시름

가슴 벅차게 익어가는
사랑의 열매를
패대기치듯 떨어뜨리고
변명처럼 눈물 뿌리면

산까치 날아와
빨간 사과 한 입 찍어내면
농민 가슴 한쪽 파먹는
얄미운 심술쟁이들

주절주절 열린 포도 송이
영혼을 싸 두고
올곧게 살아갈 기력조차
잘라먹는 산짐승 들짐승들

새벽부터 밤늦게까지
탐스런 알곡 터는
농민 손끝 매워도
손자 장학금 따먹는
참새 떼들이 미워
훠이훠이
치렁치렁
퉁 퉁 퉁

—2008. 11. 5

아차산峨嵯山 오르다

아스라이 먼 시공을 초월하여
남북으로 비스듬히 누운 아차산
고구려 혼을 일깨워 어루만지면
금방 터질 것 같은 함성소리 들리누나.

보루堡壘마다 이름 붙임질한 고고학자
맘대로 이름 끌어다 붙이기도 잘하네
얼마나 서러울까 2.5.3… 보루들
상체기마다 딱지 붙은 바윗돌 살갗

상처투성이 나신裸身을 밟고 오르는 군상
심줄 같은 등산로가 애처롭다.
오색 등산객들 신발 자국마다
무심한 콧노래에 무너져 내리는 토사여

수천년 전 압록강 건너 동북 삼성에
광개토대왕 신도비의 거룩한 업적
백두대간 타고 줄줄이 펼쳐내려 와
진陣을 친 장수왕 남진야망의 종착역

신라 백제와 맞닥뜨린 터 아차산
남북 한강 두물머리 합수된 화합의 강
강물 굽어보며 호령하던 고구려 함성이

지금도 들리는 듯한데

살을 헐고 뼈를 깎아 만든 진지 보루들
구리시와 광진구가 영토 싸움하듯이
팻말이 살점 뚫고 딱지 박아
이기주의 창피한 줄 모르는 철면피
그 얼굴 대못 하나 박아보면 어떨지~

—2013. 9. 10 아차산을 오르며

뇌성은 산사를 흔들고

새벽잠 깨우는 도량천수 목탁 소리
산사의 아침이 열리면
인경은 뇌성雷聲에 숨죽이고
쏟아지는 처마 밑 낙수 소리
참선 삼매 시샘의 울부짖음인가

들숨 날숨 수식數式을 관觀하면
온갖 마장魔障들 춤추고
사유思惟를 살라먹는 죽비 소리에
마장춤판들 혼비백산魂飛魄散
여명黎明에 쫒긴 어둠의 잔영이여

아침 공양 목탁 소리 목젖 적시우고
대웅전 앞 넓은 마당 잡초
나그네 발자국 소리에 숨죽였는데
어제 저녁 갈아놓은 맨발 트랙 길
나그네 떠나면 누가 밟아 다지리.

—2013. 8. 23 산사 떠나는 날 아침에

내 고향 창녕엔

화왕산 꼭대기 억새 불타도
낙동강 굽이굽이 감돌아 흐르고
2개도와 군, 3개면 손잡은 우포늪
지구촌 환경애호 사진가 다 모여
세계 자연유산을 품었었네.

관룡사 목탁 소리 송이 향 날고
옥천골 맑은 물 솔향에 취해 있네
천년을 지켜온 만옥정 진흥왕순수비
그 앞 전적 공덕비 호위하듯 도열하고
소전거리 석빙고 천년이 차구나

북창교 삼거리 정자나무 어디 가고
시골 장꾼 쉼터 잃은 지 언젠가
남창교 목욕탕 흔적조차 없으니
북쪽 화왕산성 기슭 무덤군
경주의 왕릉처럼 산등성 이루었네.

내 어릴 적 동구 앞 시냇가
차가운 맑은 물에 온몸 담그면
작은 송사리 발바닥 간질이고
물밑 돌 틈 사이 피라미 잡으며
지친 피로 씻던 그 시절 그립구나.

—2013. 12. 18 그때 그 시절을 추억하며

군불을 추억하다

꿰인 백년 전 어느 날
불뫼골冶洞 사연 펼쳐보면
찌그러진 초가집 굴뚝
하늘거리는 하얀 연기가
바닥을 핥으며 지나갈 때
문득 생각나는 순이…

한 가닥 시원한 바람기마저
잠재우듯 사라지고
지난밤 *갈둥구리 한 바지게
아궁이 불 지펴
불기둥 밀어 넣던 정성이
등 따스움으로 전해 오던 날

그 임은
이엉 속 파고드는 참새마냥
부지깽이로
아궁이 재만 뒤적이다가
물동이 이고 달려가는
배나뭇골 옹달샘에 사연 풀고

무심중에 낫 한 자루 지게에 꽂고
쏜살처럼 *말구릿재 올라보면

삽시간 청솔가지 한 짝이 봉긋
비 오듯 흘린 땀방울 마르기 전
급경사 굽이굽이 오솔길
내리꽂듯이 내달렸다네.

그 임 얼굴 붉게 물들고
사립문 기대선 들국화
소슬바람에 도래질하면
앞산 기슭 대나무 숲 파도
내 가슴에 일렁일 때면
솟구치는 외지로의 탈출 열망

식지 않을 군불 집혀 가며
오늘도 열정 다독여서
지금까지
가슴 속 피멍 자국
삭이지 못하고
문신처럼 쌓여만 갔다네.

—2008. 10. 6

* 말구릿재 : 지역 산 고개 이름(말구리재)
* 갈둥구리 : 잘라낸 나무의 마른 밑둥과 뿌리

백두산 오르다

1
민족의 영산 백두산
가슴 설레는 온몸 벅찬 희열
희수 해에 오르는 감회어린
내 삶의 여정이여!
천사백 이십여 계단 북파 등정길
숨 막히는 고행의 기쁨이여라

하늘과 땅이 만나 몸 부비며
구름꽃 피우고 간 자리
한 서린 남쪽 봉우리 바라보니
눈앞 천지 쪽빛 물보라가 차구나
병풍처럼 두른 산봉에 묻노니
한숨짓던 장군봉 어디에 있느뇨?

오르는 길섶 사시나무 쓰러져 누워 있고
땅에 붙은 무명 야생화의 수줍은 미소
굽이굽이 돌아 오른 경삿길
지프차도 힘겨워 검은 연기 도해 내고
수수만년 몰아친 눈보라 자국
골마다 잔설들 눈물이듯 녹아 있네

백두산 상상봉 힘찬 기상 어디 가고

가쁜 숨 몰아쉬며 급히 오른 전망대
환희와 희열의 눈물 천지에 쏟아 붓고
병풍처럼 감싼 성스러운 봉우리마다
이름 붙이기 충성경쟁 시켰느냐
오천년 역사 속 이 오욕 어이할꼬

〈백두산 천지〉 / 촬영 : 사진작가 김숙자

2

환희의 벅찬 가슴 터지는 노랫소리
더덩실 춤추며 흥겨워야 할 자리엔
중국 장사치들만 성가시구나
장백산(?) 하산 길은 멀기만 한데
지친 몸 씻어 줄 온천욕 기대는
상상 속으로 증기되어 날아갔네.

장백폭포 쏟아 붓는 우렁찬 물소리
물보라는 무지갯빛으로 토해 내는가
온천수 열기 속 폭포 오르는 길
관광은 상상만으로 나래 접고
온천수에 삶긴 작은 계란 한 알
빈 뱃속에 기별도 않는구나.

금강협곡 기암괴석 만물상이 여긴가
천연수림 자연 속 신비의 가슴
백릿길 삼림욕장 가는 길섶
굽이굽이 흐르는 정겨운 물소리
이태백 놀던 비경 무릉도원인가
백두산 가는 길이 멀기만 하여라.

–2013. 6. 18

광개토대왕이시여

중국 동북 삼성 넓은 들판에
울려 퍼진 광개토대왕 포효
지금도 들리는 듯
고구려 혼과 피
용솟음치는 이곳
이천여 년 전의
대왕 웅지 펼친 자리

말발굽 소리 지축 흔들던
역사의 수레바퀴
아직도 멈추지 않고
도도히 흐르는데
어찌해 호태왕으로 명명된
대왕의 치적이 오롯이 담긴 신도비
하늘에 닿았도다

그 위대하고 웅장함이
수천 년 전의 무게감으로 다가와
내 가슴 짓누르고
피를 솟구치게 하는구나
온몸으로 느껴오는 그 전율
세계 문화유산 등재된
대왕과 그 아들 장수왕 치적

마른하늘에 벼락이 떨어져도
오랑캐 무리들의 근성을
버릴 줄 모르는구나
치졸한 동북공정 헛된 수작
그들 머리 위에 섬광이 번쩍이는
위대한 대왕능이 말하노라
'내 무덤과 비석이 있는 한'

—2013. 6. 20

독도야 독도여

-독도수호 행사에 부쳐

갈매기 떼로 날아 부르는 소리
수수만년 씻기고 씻겨온
겨레의 함성이여
꿋꿋하게 치켜세운 늠름한 모습
동쪽바다 수호신 되어
오천 년 역사 남빛 물결 헤치고 선
꿋꿋한 자태 자랑이어라

이리 떼가 할퀴고 간 상체기마다
연고처럼 발라놓은
물새들의 하얀 배설물들
그 진한 향으로
왜놈들 머릿속을 뚫으리라
신라 백제 문화유산
도둑질해 간 뿌리 없는
잔인한 해적의 종자들이여

우매한 짓거리로
독사 혀끝처럼 날름거리지 말라
침략 근성 못 버려
악다구니하는 화적 떼들아
지금도 백민 천사를 향해
칼날 세우는 군국의 망령들아

보라, 너희들 머리 위에
'후지산'이 끓고 있지 않는가

아! 독도야 독도여
그 자태 앞에 우렁찬 함성으로
소리 높이 외치노라
칠천만 국민 한마음으로
결연한 의지 굳건한 전사 되어
그대 위해 거친 물결 헤치며 왔노라
외치고 또 외쳤노라
비장한 결의 다져 꼭 지키겠노라고.

—2013. 7. 12

소요산 단풍 유감

1
요석공주 만나러 소요산 갔었지
공주 간 곳 없고 단풍에 취한 사람
얼굴마다 단풍 꿈 부풀어
나무는 사람 구경하며
파랗게 질린 목마른 나뭇잎
하늘 향해 울부짖더이다.

산은 말 없어도
나무는 산 정상에 서서
나더러 목적실 물 한 짐 지고 오라며
마른 갈잎 한 잎새 보냈더이다.
때마침 다음날 아침
하늘이 먼저 알고 비 내렸나 봅니다.

단풍 뒤에 숨어 있는 그 임
햇살이 삼키고 간 자리
발자국 향기만 남겼더이다
어스름에 쫓긴 이 몸
단풍 고운 화창한 훗날
국향 가득 옷깃에 적셔 오리라.

2

단풍잎에 젖고 국향에 취한 그 임
보쌈 해 갈잎 쌓인 골짜기
인적 없는 아늑한 곳 자리 잡아
원앙금침 서리서리 싸 두고
산기슭 한적한 바위틈에 숨어들어
다람쥐와 세월 술래잡기 하리라.

찬 서리 내려 낙엽 사각일 때
구름 불러 모아 함박눈 내리게 하여
청둥오리 철새 가슴 깃털 모아
솜털이불 누볐다가
원효대사 요석공주 사랑하듯
천년 사랑탑을 쌓으리라

천년 꽃 우담바라 피기까지
꿈결 깨어난 그 임 머리맡에 앉아
찬바람 막아주는 방풍막 되어
먹구름 회오리 지나간 후
빨간 잠자리 전령 띄워서
설악산 단풍 마중 보내리라

—2011. 9. 26

고령사 가는 길에

묵향 가득한 천안 삼거리 '묵향기집'
묵밥 한 그릇 묵향주 한 사발
창문 밖 눈꽃 소담하게 피어난 집
첫눈 내린 11월 끝자락에
가슴 적셔주는 이와 마주 앉았네

고운 이들과 연민의 정 눈길 모아
무엇이든 이루어낼 자신감으로
마음 빈 구석 찾아 기도 모습 보려
아침 날씨 차가운 바람 안고
새벽 열차 몸 싣고 떠나온 곳

세상살이 덧없이 지나온 인고의 세월
선한 눈시울에 겹쳐진 연륜의 얼굴
인연 따라 사는 인생 그리움만 겹쳐
하염없는 욕망 세계에 빠져든 이들
한갓 어리석음만 쫓다가 떠나간 이여

고령사 황보살 따스운 정 뒤로 하고
이 마음 훈기 남기지 못한 아쉬운 사연
정 두고 떠나온 서룬 그대들이여
길섶에 묻힌 망자를 생각하며
오늘도 잠 못 이룰 밤이 야속하리라

―2013. 11. 28 천안삼거리 공원 지나며

* 2014, 「한국대표시인선집」 게재

심연에 꽂힌 사연

울렁이는 가슴 속 깊은 곳
토하지 못한 말 한마디
응어리 되어 잠 못 이룬 밤
그대 귓전 고동 소리 들리지 않는가.

비바람 창문 때리고 있는데
고뇌에 찌든 긴 한숨 소리
억겁 지나 영겁으로 가는 찰라
심연 깊이 꽂힌 사연 뽑아 보리라

이생에 못 다한 임 향한 효도
내생을 기약한다고 될 리 없는
전생에 빚진 인연 찾을 길 없으니
답답한 이 사연 그 누가 알리요

초로인생 한 일 없이 칙칙한 삶의 고리
썩은 새끼 목줄에 매인 채로
오늘도 벼랑길 모퉁이 돌고 돌아
갈 길 찾지 못한 고달픈 내 인생

–2012. 9. 16.

년年 타령

-2010년 건대15동문들께

쥐子**년**을 겁탈한 소丑**년**이 미쳐 날뛰며
횃불은 사라지고 거짓 촛불만이
광화문 네거리 광란의 무도장처럼
붉은 물은 어디로 잦아들었느냐
유모차 끌고나온 **년**들은
지금 어둠 속 애기 만드느라 숨죽이느냐
포효하는 범寅**년** 앞에
무릎 꿇고 넙죽 엎드렸느냐

일흔七十 **년**이나 능욕하고도 건장한 화상들아!
오늘 이곳에 다 모였구나
그대들은 고난의 세기를 허물고
새로운 세기를 연 주역이 아니더냐
대견하게도 여기 오롯이 서 있노라
몇 **년** 더 잡아먹었다고 나처럼
개기름 흐르던 상판은 사라지고
까칠한 흰 머리만 듬성듬성 하구나!

육십**년** 밤, 종삼 바닥 헤집으며
낙원의 꿈 키운 그 낭만 가슴으로 추억하고
밤이 무서운 자 화양벌 일감호에 몸 담그며
황소처럼 정열 불태우던 그 패기
그 젊음을 삭여온 세월이 반백半百 **년**이 흘렀도다.

아직도 능히 서른三十 **년**을 녹여 줄 친구들아!
건성건성 살아가며 서른 **년** 더 잡아먹고
백순白壽**년**에 다 함께 떠나자꾸나
우리 모두 구구 팔팔 백수 **년** 향해 건배!
건강을 즐기며 건배 또 건배!

—2010. 2. 22. 건대 15회 총회에서 읊다

길 떠나는 사람

이 밤이 새면 길 떠날 사람
어딜 가냐고 묻지 말게나
정처 없이 떠나는 마음
이 밤의 시간도 아깝다네
이미 떠날 집에
미련 둬서 뭐하랴
마음은 천 리 밖에 가고 있는데~

정 떠난 지가 언제였던가
그대여 날 잡지 말게나
부질없는 세월 탓하지 마라
정 없는 삶이 몇 해나 되었던가
늙었다고 오늘 그 길을
가지 않을 수 없지 않은가
가는 길이 순탄하리라 생각 말게나.

지금껏 그렇게 살아왔지 않은가
언제 내 뜻대로 산 적 있는가
이 밤도 내 밤이 아닌 것을~
오늘 떠나면 언제 오냐고 묻지 말게
기러기가 집이 있다더냐
때 되면 오고가지 않더냐
바람이 어디서 불어온다고 말하고 오더냐.

사람이 가고 옴은 그 사람 마음
정 주고 떠난 사람은
정 그리워 오고 가지만
정 없이 떠난 사람 오고 감은
바람결 같지 않은가
오늘 시작하는 이 길
내일도 모래도 정처 없이 떠나는 길이라네.

–2015. 6. 3

갈등葛藤

내 안에 몸부림치는 사유思惟
이기고 지고, 지고 이기고
지겨움에 저려오는 발버둥
진실의 툇마루에 걸터앉아
시원始原의 실 끝 잡으려는
끝없는 몸부림이 평행선 긋는데
꼬투리 잡을 길은 없는가?

내 맘에 파도처럼 밀려와
부서져 포말만 남기고
옳고 그름, 그름과 옳음
길고 짧음, 짧음과 긺
시공을 초월해 뒤척이는데
이랬다저랬다, 저랬다이랬다 하는
마음 조화 뉘가 잡을 것인가

바람일거라 제켜 두면
흰 구름 너울져 흘러가듯
먼 허공 회오리 되어 나는데
슬픈 사연 한 아름 안고와
눈물 하소연에 눈까풀 따가워
콧물 엉켜 흐르는 날
능소화의 애달픈 사연으로 남으리.

—2010. 5

횃불은 지고

세상 망치려고 몸부림친다
촛불 뜨고 횃불 진다
빌딩들이 통째 무너져 내린다
자동차가 멈춰서고,
산도 무너져 내릴 판이다

사람들은 기어서 간다
모두 거꾸로 서기도 하고
지하로 숨는다
지상 모든 것들이
어둠에 잠긴다.

내 흉중에 시린 이빨 갈고
호드기 아무리 불어 봐도
지친 피로 허리 꺾어
모로 누워 몸부림쳐 봐도
소용없다.

군상들은 우산 받치고
까막눈 껌벅인다고
횃불 살아나지 않는다
단풍 뒤에 숨어버린 여인처럼
몸 움츠린 그 잘난 입은 사라지고

산봉우리마다
붉게 타 내려오던 단풍처럼
정수리에 돌 맞고 피 흘리며
얼굴 빗살같이 검붉게 퍼지고
공권력은 미친개에 꼼짝 못한다.

정의의 횃불은 어느새 지고…
촛불만 넘쳐흐른다
'악화가 양화를 밀어내' 듯
좀도둑들이 날강도로 변해
송두리째 내어 놓으란다.

밤낮으로 세상을 난도질하며
날뛰다가 지하로 스며든다
언제 그랬느냐는 듯이…
미친 짓인 줄도 모르고
미치게 만든 공영방송 M사여!

머리가 텅 빈 선동에 꺼달려
온몸 던지는 광란의 저주
누구를 위한 발광인가
끝내 '유모차 부대?'까지
제 새끼도 함께 미치게 만든다.

미친 소도 코웃음 칠
거짓 선동의 주체 M사 SOO 앵커
백악산 밑 푸른 기와집 주인이란 자
그도 뒷산서 선구자 노래 불렀다잖은가
이 미치광이들아, 슬프고 슬프도다.

호통 칠 지성들 어디에 숨어서
꿀 먹은 벙어리가 되었나?
거짓이 판치는 미친 세상!
예의와 도덕이 강물처럼 흐르는
동양의 등불로 불리던 나라가 아니던가.

―2008. 8

* 거짓 광우병 선동집회를 보면서

학심사 간 사연

숨겨진 전설의 죽전 고을 밤
선문답 한마디 상 내려놓기
저만치 비켜선 선승의 한마디
오욕에 꺼둘리다 지친 인생
한줌 모래알처럼 흐트러진
뇌파 다듬이질하여
꺼져가는 열정 깨우리.

내 안에 묻어둔 사유 다그쳐
저마다 혜안 열어 보면
꿈처럼 몽롱한 희열 감돌고
바람 없는 따스운 방안에서도
흔들리는 심연 잠재우지 못해
그대 정 그리움에 사무쳐
이 밤 몸서리나게 외로워라

하루하루 지난 시간 아쉬워
문자판 눌러봐도 소식 없고
정 주고 떠난 아름다운 꽃
잠 못 이룰 밤이 무서워
가보지 못한 그리운 선제도
내 맘속에 꽂힌 아름다운 사연
언제쯤 잊을 수가 있을까

—2013. 12. 9 아름다운 꽃이여!

이런 사람 없나요

—희망사항 · 1

오랜만에 만나도 항상 웃고
다정한 눈빛으로 맞아주며
부드러운 미소로 다가오는 사람.

아무 말 하지 않아도
내 안의 살가운 심성을 읽고
살며시 눈웃음으로 맞아주는 사람.

굳이 손을 잡지 않아도
포근한 마음의 향기가 깃든
따뜻한 손결이 느껴지는 사람.

외모는 봄빛같이 화려하지 않지만
음성은 옥구슬 구르는 소리로
귀를 즐겁게 해 줄 사람.

뼈만 앙상한 어깨보다
어깨 등짝이 포근한 느낌 주는
적당히 볼륨 있어 안아주고 싶은 사람.

진한 화장 하지 않아도
살결이 백옥같이 희지 않아도
향긋한 향기를 간직한 사람.

명품 옷 걸치지 않아도
우아한 자태 잃지 않고
한 송이 국화 향을 품은 사람.

무슨 일이든 하고자 하는 마음 읽고
일과 행위를 보지 않아도
스스로 느껴 미리 대비하는 사람.

자기 생각이 옳아도
겉으로라도 상대 의견 듣고
존중할 줄 아는 아량 있는 사람.

집안이 깔끔하게 정리 정돈되고
거실이나 베란다에 난 화분이라도
적당한 수와 간격으로 관리하는 사람.

식탁과 거실 탁자 위엔 항상
철따라 향기 있는 꽃병으로 장식
꽃향과 음악의 선율에 취할 수 있는 사람.

낮에는 문화교실이나 공공시설 등에서
서예나 그림 컴퓨터에 몰두하며
항시 자기계발에 노력하는 사람.

자기 생각대로 예단하지 않고
경청하는 자세로 다소곳이
상대방 의사를 존중하려 노력하는 사람.

삶이 힘들어도 얼굴에 내색 않고
항상 부드러운 미소를 잃지 않는
따스한 봄빛 같은 부드러운 사람.

혹시
이런 사람 어디 없나요?

—2010. 11. 28 04:30

황홀한 재회
–희망사항 · 2

노랑머리 흩날리며 달려온 여인
숨 가쁘게 살아가는
고희 인생 그립던가
꿈길 속 숨바꼭질 끝나지 않았는데
무엇이 두려워서 만나지 못할 손가

이래도 한 세상 저래도 한 삶
이리 보고 저리 봐도
변한 것이 없지 않니
다시 만나 진한 사랑 끈 당겨보세
그립던 내 사랑 노랑머리 내 사람아

칠십 평생 참은 삶에 흰 머리만 더해 갔지
세월 쟁기질한 흔적
국향에 물든 주름진 그 얼굴
세상사 탓해 봐도
되돌릴 수 없지 않니

인생은 '새옹지마'라
나쁜 일 지나가고 좋은 일만 남았다네
지금 만나 신명난 삶 살아보세
그립던 내 사람아
노랑머리 내 여인아

나이는 숫자라네
희수면 어떠하고 미수면 어떠하랴
사람 사는 맛이란 게 별거더냐
농익은 묵은지 맛이라네
숙성된 된장처럼 구수하게 살아보세

백수까지 살자는데 그 누가 말릴소냐
불꽃같은 사랑이란 바랄 게 못되잖니
가슴과 마음 불쏘시개 지피며
마지막 남은 정 한 올 엮어나 보세
사랑하는 사람 노랑머리 내 여인아

반딧불처럼 세상 어둠 밝히며
정성들여 살아온 미망의 세월들
지금부터 사랑의 끈으로 꽁꽁
그리운 정 시침질하며 살아보세
노랑머리 내 사랑아

–2012. 9. 18 03:00

3부

청정한 삶의 길목에서

여운 / 원심력遠心力과 그림자 / 안개 낀 진고개 휴게소 / 주문진 어시장 풍경 / 주왕의 통곡 소리 / 지난날을 추억하며 / 추억의 군불 / 세월 가면 / 선재도 이야기 / 추억의 광복동 / 선사仙師의 길 / 서천 춘장대에서 / 대공원산림욕장에서 / 신묘년 아침에 / 열네 살 나이 / 백담사百潭寺 / 나목裸木 / 소쩍새 사연 / 은행나무 사연 / 억새 태우기 유감 / 하늘 가신 누님께 / 아차산娥嵯山 소고小考 / 상서로운 빛과 향이 되리 / 청담공원에서 / 청정한 바닷물처럼 / 약혼축시約婚 祝詩 / 민제敏齊 선생 산수년傘壽年에 부쳐 / 가을바람 / 창경궁 유감 / 청와대 앞을 거닐며

여운

시간이 할퀴고 간 자리
낭만 씨앗 뿌리고
먼동 날개 걷어내는
소쩍새 울음소리 애잔해
스산한 아침 물안개 피어올라
귀뚜라미 발자국만 남기누나.

시간 쪼개는 소리에
애달픈 사연만 남기고
저녁 어스름에
피리 소리로 물들이고
희망 싹 틔울 즈음에
사유의 거미줄만 늘이는가

백발 어깨 넘어와
신명난 추스름으로 넘실대고
사랑의 열병 도지듯
가슴앓이 할 겨를도 없이
늦여름 붉은 목련꽃 피우듯
못 다한 아쉬움으로 흐느끼는가.

—2008. 8. 5

원심력遠心力과 그림자

영影
내 곁을 맴돌던 영
깊이 없이 살쩌간 상념은
비정의 도태에로 향한
사탄의 웃음마냥
균형을 잃어야만 하는가.

영影과 체體
밤과 낮이 교차한 분기점에서
쫓고 쫓겨야 하는 날은
무수히 반추되는데
퇴색한 담벼락에 기대인 너의 자태는
또 하루의 계산이었구나.

영影
이젠 내 곁을 떠나려는 영
기름을 태우던
수고로운 인연은
불빛 갈림길에서
대화를 멈추자.

영影
검게 타버린 입술을 끌며

또 어느 놈의
발꿈치를 핥으려고
주체에서 객체로
객체에서 주체로 맴도는가.

영影
그래서 걸음마는 일찍부터
고독하지는 않았다
임의 꽃을 시들게 하고
새 우주가 피어난다 해도
내 마음 이슬 같은 시詩여

영影
너의 꿈틀거리는 율동
미친 듯이 춤추며
오늘을 여미어 가는
내일을 가늠할 원심력에
피 엉키게 하리라.

—1965. 10

* 건국대학교 校誌 〈文湖〉에 게재. 필명(김청천)으로 발표된 시로 학창시절의 많은 작품 중 유일한 현존 시

안개 낀 진고개 휴게소

때 아닌 소슬한 바람 타고
한여름 비오는 날 아침나절
진고개 휴게소 가장자리
옥수수 하모니카 입에 물고
어린애같이 마주앉아
히죽이는 망팔 늙은이 네 명

한적한 고갯마루 운무로 피어나
산허리 포근히 감싸 안으면
가슴 아리는 소나무 가지마다
전설이 줄줄이 열리는 곳
스프링코트 옷깃 세우던 그때
낭만 추억하며 오늘을 엮는다.

굽이굽이 산길 따라 흐르는 인생
한 많은 추억 점점이 찍어가는
젊게 늙은 그대들이여!
삶의 여정이 얼마나 남았기에
못 다한 발자취 더듬으며
그리도 다급히 내달려가는가.

어제 봉평 흥정계곡 펜션에서
오늘 소금강 낭만 캐어 담으려

허난설헌 소스라쳐 깨어날 기세로
강릉 해변 일출 가슴에 쓸어안고
환청이 밀려오는 파도 소리에 젖어
불살라버린 청춘 길을 곱씹는가.

—2012. 8. 12

주문진 어시장 풍경

해변 길 달려온 주문진 어시장
살 떨리는 도마 위 활어 운명
침샘 말리는 시장기 돌 즈음에
소줏잔 몇 순배 오가는 사이사이
벽면 가득히 낚시사진 바라보며
신바람 영웅담 주인장 기가 살고

신기의 안주인 생선회 솜씨 자랑
신바람 웃음꽃 주절주절 엮어서
배슬배슬 눈웃음까지 회 접시에
덤으로 올라오니 그 맛이 천하일품
참이슬 방울방울 흥겨운 진수성찬
신선은 어디 가고 주당만 남았느냐

시원한 바닷바람 불어오는 바닷가
꾀꼬리 아낙네 노랫가락 간곳없고
이 빠진 숫사자들 숨소리만 거칠구나
비릿한 생선 내음 건어물 지천인데
가게미다 낮등 밝혀 한낮이 무색해도
미소까지 걸어놓고 소매 잡는 아줌마

키 큰 강사장보다 코큰 맹회장이
말만 잘하면 공짜로 준다는 유혹에

건문어 백문어 꽃문어 대왕문어보다
건오징어 갑오징어 세오징어 주꾸미가
명태 황태 황태포 대구포 쥐포에다
노가리까지 골라 눈으로 담아 오네

백두대간 뻗어내려 설악에 멈춰 있고
동해바다 푸른 물결 숨죽여 고요한데
나그네 지친 여독 풀어줄 날 언제인가
진부령 고갯길 황태 생각 간절하나
둘러볼 명승고적 다 보기란 어려워라
오늘도 낭만여행 아쉬움만 남는구나.

－2012. 8. 13

주왕의 통곡 소리

주왕산 계곡물 맑은 폭포
주왕의 억울한 사연 묻어 있어
바위 울리는 통한의 절규인가
수천 년 흘린 눈물방울
계곡마다 적셨구나.

한 맺힌 그 슬픔
운무로 피어올라
봉마다 감싸 안고
소슬한 비바람
불청객 옷깃을 적시는가.

고꾸라질 듯한 주왕봉아
장군봉 앞에 허리 굽혀
억울한 하소연 몸짓인가
화살 맞고 비틀비틀
서러움이 앞섰던가.

땅에 붙은 발 옮기려
발버둥 쳐도 소용없어
아! 몸통만 기울었구나
산천이 함께 우는
주왕의 통곡 소리

—2009. 3. 29 박약회 청송 학술대회를 마치고

지난날을 추억하며

간혹 가슴에 일렁이는
진한 연정은
끝없는 바램으로
그대 심중 언저리 맴돌다가
그칠 줄 모른 아련한
속삭임으로 엮어서
기러기 날갯짓으로 날도다.

환상의 꿈만 헤집다가
못 다한 말 한마디
끝내 진한 아쉬움으로
가슴 저며 오는데
심중 깊은 곳 고동 소리
그리움에 지친
사연만 더해 가네

불끈불끈 솟구치는
지난 정열을 삭임질하여
긴 한숨으로 토해 내고
연민의 눈빛 그대 옷깃 적셔
사념으로 밀려오는 파돗소리
바위틈을 두드리며
무지갯빛 추억으로 돌아오려는가.

—2008. 7. 14

추억의 군불

어느 날
꺾인 백년의 세월을
되돌아보면
*불뭇골冶洞 사연 심고
기울어진 초갓집 굴뚝에서
하늘거리는 연기
땅바닥 핥을 때면

문득 순이 생각나
한 가닥 바람에 안겨
하늘로 솟구쳐 말없이 바라보고
어젯밤 *갈둥구리 한 바지게
아궁이에 물려 놓고
불기둥 밀어 넣는 정성에
구들장 달아오르는 소리 들리네.

이엉 속 파고드는 참새마냥
부지깽이로
아궁이 재만 뒤적이다가
어느덧 지게 위로 등 따스움 느끼며
*말구릿재에 올라
청솔가지 한 짐 해오면
임의 얼굴 붉게 물들어 있었지.

—2008. 10. 6

* 불뭇골(冶洞) : 산골 지역 마을 이름
* 갈둥구리 : 잘라낸 나무의 마른 밑둥과 뿌리(경상도 방언)
* 말구릿재 : 지역 산 고개 이름(말구리 재)

세월 가면

흘려버린 세월 속에도
가실가실한 마디 있어
주름진 달빛 바라보듯
삶의 뒤안길에 멈춰선 그림자
무수히 부대낀
세월을 살피면서
내면의 사유를 다그치리라

심상에 드리운
아쉬움의 커튼 자락 젖히며
시공을 굴려 날게 하고
살아온 세월의 진실 위해
법륜의 뒤안길에 숨어
난향으로
막힌 코를 뚫으리라

향기로운 인생 황혼길에 서면
아스라이 무너져 내리는 가슴
시상의 안개꽃 피워내어
온몸 태울 씨앗 틔워
삶의 욕망에 기름 부어
활활 타오르는
횃불로 살아보리라

선재도 이야기

1
그리운 이 사는 물결 고요한 섬
산등성 밑 제비집처럼
그림 같이 붙여놓고 살아보면
아침 햇살 맞이하고 저녁 낙조 바라보며
산새 물새처럼 둥지 틀고 살아가네.

산제비 바다제비 다 모여서
바다가 육지인 양 물 건너오는 손님
바닷바람 마주하며 가슴 열고 살라하네
바다 끝자락 여울이 밀려오는
조개껍질 귓속말 정겨운 밤이라네.

낙지 잡는 아낙네 장기자랑 넘쳐나고
파김치된 남정네들
막걸리 타령이 한창일 때
네 내것 따로 없이 정답게 살던 터전
인심 물심 다 좋던 선재도가 아니던가.

짓궂고 변덕스런 날씨를 탓할 소냐
마음 못 잡은 하루해는 서산에 걸려 있고
갈 곳 먼 나그네 쓸쓸한 발걸음
갈매기도 서러운지 허공에 매달려서

매서운 바람 소리 소설비가 차갑구나.

2

언젠가 밀고든 이웃 섬 발전소며
오염물(염화칼슘) 흘러나온 김 양식장
그 많던 굴 조개 낙지 씨 마르고
소박한 섬 인심 연기처럼 사라지고
물질만능의 고달픈 괴로운 세상사

땅값 천정부지로 춤을 추고
구인하기 여염집 새댁 모셔오기요
생필품 값 날마다 널뛰는 섬
젊은이 이웃 섬 발전소로 팔려가고
늙은이 힘 부쳐 할 일이 없다 하네.

정겹던 이웃사촌 총질이 웬말인가
인정 사정 간곳없고 눈치 보기 민망하고
힘자랑만 넘치는 선재도가 되었다네
먼 곳 찾아온 나그네의 허탈한 심사
맘 붙일 곳 없어 돌아갈까 하노라

—2013. 12. 12 선재도의 슬픈 이야기

추억의 광복동

삼십여 년 전 광복동 거리
'황금마차 바'란
술집이 있었다네
갈잎 한 웅큼 뿌린 호기
청춘의 한숨 달래며
낙엽 뒹굴 듯 젊음이 뒤엉켜
숨소리도 거칠었었지

내 삶의 긴 여정이 시작될 즈음
초가을 바닷바람에 실려 온
자갈치 시장의
비릿한 생선 내음 뒤로 하고
장밋빛 희망을 꿈꾸며
완행열차에 몸을 묻고
천리 머나 먼 곳으로
구름에 실려 오듯 떠나 왔었지

영도다리 건너 태종대
붉은 노을 등에 지고
비단바다 물결 위에
크고 작은 배 떠가고
봉래산 허리 감은
빨랫줄 뚫린 길로 오가던

광복동 화려한 거리
아직도 머릿속에 꿈꾸듯 펼쳐 있네.

—2006. 10, 2008. 신인상 수상작

선사仙師의 길

기氣의 세계世界는
사차원四次元에 이르는
오로라 현상現象
공공공심空空空心으로
법륜法輪을 수련修鍊하고
지고至高의 정신연마精神練磨
개천문開天門하는 행행행도行行行道이어라

각 삼계覺 三界(天, 地, 人) 하고
관 삼세觀 三世(前, 現, 來) 하여
역 삼통力 三通(氣, 靈, 智)을
추구追究하는 끝없는 몸부림
도법자연道法自然을 향한
수기작용受氣作用과 충기행위充氣行爲는
차원次元 높이는 지극정성至極精誠이어라

천신기天神氣 전수傳修로
인류건강人類健康
세계평화世界平和를 위한
영기, 영파, 음양조화靈氣, 靈波, 陰陽調和
질병치유疾病治癒, 수맥차단水脈遮斷
음·양택陰·陽宅 길흉화복吉凶禍福의 변환變換
고차원高次元의 이타행利他行이어라

군기도君氣道는
정각正覺 경지境地로 향한
수행修行의 나래짓
마음 비우는 요람搖籃
가슴에 묻어둔 의심疑心덩이
씻어내고 닦아낼 보살행菩薩行
'하면 된다'는 지상명령至上命令이어라

–2008. 7. 21

서천 춘장대에서

미명의 서천 춘장대 앞바다
멀리 지평선 가로지르는
갈매기 소리 정겹고
바닷가 언덕 비스듬히 누운 해송
밤새 내린 봄비 젖어 눈물짓네.

하늘 높이 나는 새매 한 마리
날갯짓 한가한데
모래사장 홀로 거니는 길손
어제 끝난 주꾸미 축제 아쉬워
지난 추억 되새기고 있는가.

멀리 바다에 홀로 떠 있는 배
누굴 기다리다 지쳐서인가
등대만 바라보며 밤새는 줄 몰라
애잔한 파돗소리 들으며
깊은 시름 잠재우는가.

지난밤 파도가 갈아놓은 모래톱
갈매기 종종걸음에 무너지고
비릿한 바닷바람 막힌 가슴 뚫려도
멀리 두고 온 그 임 생각에 지쳐
정처 없는 길손 노독은 어디서 풀려나.

—2005. 4. 6

대공원 산림욕장에서

흰 나비 한 마리
날개 힘 빠져 허우적이다가
바람에 날려간 자리
농익은 빨간 산딸기 가지에
촉수 꽂고 졸듯 앉아 있네

저수지 앞 팔각정 마루에서
지친 몸 막걸리 한 사발은
기력 충전에 제격이고
파란 하늘천정 한 가운데로
흰 구름 한 줄기 흘러가네.

긴 가뭄 목마른 저수지 바닥
엎드린 물고기들 아우성에
흙탕물도 숨죽이는데
솔향기에 취한 등산객의
땀 한 방울 아깝기도 하구나

동물원 축사 내뿜은 열기
숲속 그늘 사이로 파고들고
짝 잃은 비둘기 울음 소리
물잠자리 날개깃에 묻어 있고
허기진 산새는 숲속만 헤집는다.

바람기 없는 삼림욕장엔
힘 빠진 중늙은이 한숨 소리뿐
빗겨간 세월 주마등 되어 달려오고
늦깎이 친구 시인 등단 소식이
가뭄 속 산책길 단비 되어 뿌리네.

—2015. 6. 25 이재승 동문 등단 소식에

신묘년 아침에

시리도록 하얀 눈꽃이불
머리에 덮어 쓰고
하얀 떡시루 판 이고
새해맞이 인사 가는 호돌이의 심술
밤새도록 함박눈 켜켜이 쌓아 놓고
앞발로 수염 다듬어 점잖네.

토순이 오는 길목 버텨 서서
설한풍으로 막아 봐도
살금살금
수줍은 색시걸음으로
아장아장 더뎌오는 토순 아씨
꼬리 내리며 무릎 꿇은 호돌이

새해 밝은 햇살 안고
조심조심 사립문 열고 오네
수줍어 가슴 설레는 마음
돌다리 두드리며 건너오니
무역 흑자 사상 최대
G20 성공 개최하는 해

선진국 문턱 왜 이리 높다더냐?
우리도 한번 잘 살아보세

선진조국 가는 길이 아무리 멀다 해도
하면 된다는 신념
가슴 펴고 창공 가르는 힘찬 함성으로
전진의 노래 불러 보잣구나

너나 할 것 없이
남 탓하지 말고
이타행利他行을 하다 보면
겨울 가면 봄 오듯이
꽃 피고 새 우는 날에
번영의 이삭은 탐스럽게 영글고

봄비 내리기 전 우리 몸 감싸
찬란한 밝은 햇빛 이 땅을 비춰
운무에 무지개 꽂히고
우리 함께 가슴과 가슴마다
보람의 물결 넘실댈 때
환희의 미소 넘치는 선진조국 되리라.

—2011. 1. 1

열네 살 나이
–학습자료지 창간에 부쳐

열넷의 나이에도
앳된 몸부림 벗지 못하고
오백여 눈망울 앞에
수줍음 감추고
성숙으로 향한 나래 깃을 여미며

여기
한 가닥 봄소식 함께
설화를 녹이는 바람으로 하여
천백만의 가슴에 새길
양식良識을 가꾸고,

또
새 옷을 갈아입을 때쯤이면
저리던 가슴 아림도 없이
훨훨 날갯짓하여
움추렸던 사고思考로 날아

살찌우고
뼈도 든든히 해
마음과 몸으로
탐스런 사과 향기로
웃을래요.

–1990. 2. 18

* 〈학습자료협회〉지 창간호에 게재

백담사百潭寺

풍경風磬 소리 잠재운 산사의 밤
소리 없이 내리는 함박 서설瑞雪은
기약 없는 나그네 발걸음 멈추게 하고
만산홍엽滿山紅葉 벗어 어디다 숨겼기에
나목裸木이 민망憫惘하여
소복단장素服丹粧하였는가

첩첩산중疊疊山中
내설악內雪岳 아침 경景은
선녀의 치맛자락인 양
영봉靈峰마다 운무로 펼쳐놓고
산허리 계곡마다 물안개 피어
눈꽃으로 단장하였구나

백담사 오르는 계곡溪谷
기암절벽奇巖絶壁 선경仙境이요
풍진세계風塵世界 옥수玉水로 씻어내 듯
고달픈 나그네 지친 여로旅路에
산새 소리 금슬지락琴瑟之樂이니
피로곤비疲勞困憊 사라지네.

꾸불꾸불 백삿白蛇길에
배꽃 따다 뿌려놓고

맹호복초猛虎伏草로
입신入神할 날 언제인가
하얀 계곡 소沼마다 청 · 백룡青 · 白龍 머리 박고
승천昇天할 날 기다리네.

용대리 백담골에
청정도량清淨道場 빚어내어
명승대덕名僧大德 배출排出 터니
국운國運이 불운不運할 제
만해 선사卍海禪師 주석하여
불후명시不朽名詩 '임의 침묵' 남기셨네.

좌청룡우백호左青龍右白虎라
청룡青龍은 승천昇天하듯 하늘에 닿아 있고
백호白虎는 앞발 꿇어 백소白沼에 목 적시네
백담사 새벽예불 지친 심신 풀어내고
가신 임 기리는 만해당卍海堂 홀로 앉아
시詩 한 수 바치고 떠나려 하네.

—2008. 3. 4 22:29

나목裸木

질긴 삶 내몰아치듯
한 가닥 회오리바람에 떨어진 낙엽
갈무리할 겨를 없이
휘어져 팽개쳐진 갈잎 앞에 버텨 서서
넋 없이 바라만 본다
내일에로의 반추 행위가
긴 한숨 토해 나이테로 엮는다.

바라볼 매무새 없는 몰골
휑하니 뚫려버린 하늘 향한 손짓
숨 막혀 흐느끼듯 돌아눕는 사념
한 자락 소매깃 허공에 띄우고
정화수井華水 한 사발 올려놓고
목메이게 흐느끼다가
하얀 살갗만 드러내는가.

수줍은 쓴 미소 지며
갈피없이 흩날리는 갈잎 구르는 소리
휘파람으로 새기면서
지친 삶의 고뇌 접어 두고
울고 갈이 너만이 아니건만
푸른 장막 걷어내고
알몸으로 흐느끼는가.

소쩍새 사연

깊은 밤
소쩍새 울음 소리
날 밝히기 재촉인가
달빛 주름진 그늘 속
귀뚜라미 노랫소리 지쳐 있고
부엉산 기슭 후미진 곳
두견화 피는 소리 들린다.

깊은 산
부엉이 울면
바위틈 다람쥐 형제
숨바꼭질 잦아들고
어둠 가르는 두견새 울 적마다
풀꽃 향기 피어내어
밤새 졸린 별빛 유성으로 흐르나니

미완의 기로에서
사려思慮 깊게 멈출 길 없어
사고의 땜빵일랑 하지 마소
소쩍소쩍 소쩍새
밤새워 지친 피로
솔향으로 풀어내고
사유 언저리 붓 꺾어 맺으리라

–2008. 10. 18

은행나무 사연

슬픈 희열을 감내하듯
사랑의 전율을 느끼며
오랜 풍상 이겨낸
인고의 세월 저만치 비껴 놓고
구겨진 사고思考 다듬이질하여
깊은 사연 저미였으리

바람에 하소연하듯
긴 한숨으로 내뱉으면
천상의 대금 소리마냥
가슴 울리는
행동재 은행나무 우는 소리
오백여 년 고목 선조님 꾸짖음인가

지척 마주한
감나무 울음 소리 서러워서
심금 울려 토해낸 소리로 답하더니
수년 전 없어진 감나무 그리워
슬픈 사연에 전율하며
온몸으로 울부짖는가.

동구 밖 아이들 숨바꼭질 받아주던 추억
아스라이 잊어 가는데

그 추억 곱씹을 새도 없이
받아 줄 이 없는 슬픈 하소연
애잔한 바람 소리되어
저토록 외롭게 울고 있는가.

지나가는 철새마저 비껴가도
해마다 은행알 토실 살찌워
선조 제상에 올라앉아
후손 재배 같이 받고
음복에 끼어든 쫄깃한 그 맛
몸 바쳐 효행 근본 알리는가.

—2009. 3. 5

억새 태우기 유감

화왕산火旺山 꼭대기 넓은 분지
호국영령 핏자국 서린
구슬땀으로 조성된 성스런
군사요충지가 아니더냐.

광활한 억새풀 몸 부비며
휘적휘적 속삭이듯 몸 추스름
산짐승 날짐승 숨죽여
보금자리 찾아들 즈음

서쪽 하늘 붉은 노을 꼬리 감추고
초저녁 어스름 달빛 받아
억새꽃 은빛 물결 일렁이는데
달집태우기 기우제祈雨祭의 비극

안전 불감증과 광기 어린 낭만의 불탐
천지신명天地神明의 저주詛呪였느니
산신이 놀라고, 지신마저 노하여
돌개바람 몰고 오지 않았던가?

화마火魔의 혓바닥이 핥고 간 자리
인간의 오만傲慢이 불티 되어
화왕火王 불러 꽃다운 청춘들이

불꽃으로 산화散華하였나니

화왕산 747m 높은 봉우리
달집태우기 염원과 정성 지나쳐
화신火神을 부른 화마의 장난이로다
사랑하던 이 두고 떠난 혼령이여

화왕산정火旺山頂 어느 곳에 잠들었나
슬프고 슬프다
오호통재嗚呼痛哉라!

—2009. 11

하늘 가신 누님께

옥색 명주 수의壽衣 입고
하늘 가신 누님이시여!
당신은 하얀 연기로 구름 사이를
누비는 천사가 되셨나요
얇은 날개로 하늘 날아
세상의 모든 더러움
씻어 내려는 몸부림입니까?

칠십여 년을 보살 마음으로
당신 몸 돌보지 않고
오직 이타행利他行만 하시다가
날씨 차가운 이른 아침 어느 날
벼락 맞은 대추나무처럼
반신불수 몸이 되셨던 누님이시여
그 참기 어려운 연속된 고통을

자신 향한 분노와 자학, 원망
절규하며 사신 날들이
십삼 년이 흘렀습니다
그렇게 불쌍하게 하늘 가신
누님이시여!
싫다던 서울 오시게 하여
불행 당한 사연 어찌 사죄 하오리까

누님 가시기 이틀 전 계시던 곳에서
위중하단 연락 받고 가뵌 것이
마지막이 될 줄이야~
공교롭게도 누님 가신 날이
할머니 제삿날이였답니다
누님 고통을 보신 할머니께서
데려 가셨나요?

십여 일 전 누님 가신 지
49일째 되는 날
이 동생 생전 약속 지키려
가신 곳 가까운 절에서
49제를 정성 다해 봉행하며
아미타 부처님께
극락왕생 발원하였나이다.

육신은 수풍화토水風火土가 되셨더라도
구천에 계실 누님 영혼 불러
이 풍진세상 희로애락喜怒哀樂과
속세의 인연 다 끊으시고
부디 부처님 가피 입어
극락세계에 태어나시도록
정성 다해 발원 기도하였나이다.

하늘 가신 누님이시여!
극락에서 영생하소서…
나무아미타불
나무아미타불
나무아미타불
나무석가모니불
이 동생 삼가 합장합니다.

—2009. 3. 12

아차산峨嵯山 소고小考

팔각정(고구려정)에 올라보면
남쪽 뻗은 다리 무릎 철판 보호대 하고
발목 잘린 발바닥 어린이대공원 펼쳐 있네
공원 벤치마다 힘 빠진 늙은이 장기 소리
주름진 할미들 신세타령 한창인데
핏줄 같은 산책로 아줌마 엉덩춤 활기차고
중년 남정네 맥 빠지는 소리 들려오누나.

제3, 4보루에 서면
해발 284m 정상에 우뚝한 제3보루堡壘
잘린 나무둥치 깎이고 깎인 살점이 운다
고구려의 혼 찾아 볼 심산
가상한 사유 탓할 이 있으랴만
원래 모습 보고픈 여린 마음
서쪽 우뚝 솟은 용마산 갑자기 부럽구나.

제5보루에 서면
동쪽 고달뫼(孤山) 물러나 비켜 서 있고
강 건너 강동 송파 동마다 아파트 건물
죽창 들고 사열하듯 충성 맹세 하는가
아차산 정기 받은 성동 광진 터줏대감
날마다 영화사 무상 염불 소리 들으니
고구려 기맥 이은 융성할 날만 남았구려.

천기天氣 지기地氣 모인 천제단 우뚝하고
태조산太祖山 백두대간 광주산맥 뿌리내려
조산祖山 천마산天馬山 양주 구리를 품었으니
청룡백호 아차 용마산 광진 성동에 뻗어 있고
북 현무玄武 망우 내룡來龍 꼬리 힘 실리니
남 주작朱雀 몽촌토성 올림픽공원 품었어라
한강물 굽이굽이 감돌아 서해에 이르나니

—2013. 9. 10 아차산에 올라

상서로운 빛과 향이 되리

－대종보 창간 20돌 자축송自祝頌

상서로운 빛 향기 그윽하다
금빛 찬란한 아침 햇발에
가슴마다 우애의 정 뿌리내려
방방곡곡 비춰온 문중 소식 밝혀
20개 성상 뜨금없이 이어왔노라

종원의 바램과 정성 담아
소학서小學書 편집 연재한 뜻은
현조의 얼과 혼 소담하게 담아
저마다 밝은 도리 다그쳐서
실천궁행 도학정신 일깨웠도다.

숭조돈목崇祖敦睦 애종애족愛宗愛族
종훈 뜻 천륜 고동 울려 퍼져
드높은 이상 가벼운 발걸음
쉼 없는 전진 북소리 되어
서금瑞金의 빛살은 영원하리라!

창조와 전진 깃발 올려
지령紙齡은 서흥인 족적 되어
개척開拓 발전의 바로미터
정론정필正論正筆 성년 대종보大宗報
탕탕평평 화합 한마당 펼쳐나가세

－2015. 5

청담공원에서
–을미년 설날 오후에

따스한 햇살 가리는
운무에 살갗 애이고
시비詩碑광장 맴돌아
소월시비 앞에 서서
서정주 정지용 윤동주 시를 읽는다.

봄은 저만치서 서성이는데
볼이 빨간 젊은 남녀 손이 시렵구나
나뭇가지에 앉아 짝 부르는 까치
부리 다듬는 딱새 노래에
봄소식 전해 오고

청담공원 솔향기 좋은 설날 오후
무릎 아파 절룩이는 노인도
까마귀 소리 장단이 힘겹고
서쪽 하늘 물든 낙조 보며
산새 들새 집 찾기 바쁘다

솔향에 취한 늙은이
누굴 관상하며 추억을 더듬나
마음은 아직도 청춘인데
사랑할 사람 없는 공원 정상
벤치 위의 낙엽만 쓸쓸하구나.

멀리 잠실벌 높이 솟는 빌딩
한없이 창공 뚫고 올라보면
구름 한 조각 허리에 감고
비행기 돌아가는 이정표엔
'불가능은 없다'로 하면 어떨까

–2015. 2. 19

청정한 바닷물처럼

온 세상 찌든 먼지 털어내고
깊은 사유 다듬이질 하여
햇볕 따스운 처마 밑
내 마음 빨랫줄에 널어놓고

임 오시는 오솔길 바라보면
불청객 아지랑이 눈앞에 아롱거려
때 이른 수양버들가지마다
새눈 틔워 봄맞이 하네

파란 하늘 흰 구름 흘러가듯
종달새 노랫소리 정겨웁고
산비탈 잔설 녹는 줄 모르듯이
시끄러운 세상사 잊지 못하네

북받치는 분노 다스리지 못해
잠 못 이루는 밤이 길기만 해도
거울처럼 청정한 바닷물같이
겨우내 움츠린 탁기 씻어 내리라

심심 산속 수행정진 삼매에 빠진
임의 맑고 화사한 일굴 보고파서
하염없는 그리움만 되새기며
용마산 비탈길을 오르내리네.

—2014. 1. 19 용마산 기슭에서

약혼 축시約婚 祝詩

–박병찬 약혼식에서

여기
행복한 출발을 앞둔 비둘기 한 쌍
방금 나래를 모두고
푸르고 또 먼
아늑한 보금자리를 향해
지성과 정열이 소용돌이쳐
영근 사랑으로 날은다.

나래를 펴 보랏빛 구슬을 보듬고
행복의 문턱에서
한 치 한 치 마음을 좁힐 즈음
대지는 숨을 멈추고
바다엔 파도마저 잠들고
푸른 하늘 더 높이 열렸다

태미산 줄기 굽이쳐 안은
삼계마을 정점에서
알찬 의미를 담은 희망이
용솟음 치도다
대지여! 바다여!
그리고 태양이여!
이 한 쌍의 비둘기
나래를 힘껏 펴게 하라

–1965. 여름

민제敏齊 선생 산수년傘壽年에 부쳐

세월이 화살 같다지만
동구 밖 지척 거리에서
어린 학동 선후배 사이로
뛰놀던 그 시절이 그립습니다.

화왕산火旺山 힘찬 줄기 박월산에 맺힌 정기精氣
북쪽 기슭 흘러들어 구니서당求尼書堂 우뚝하니
빛난 조상 사현조四賢祖 유덕遺德
후손 가슴마다 자긍심自矜心 뿌리 내렸나이다.

도학의 비조鼻祖이신 한훤당寒暄堂 선생 15세손
민재敏齋 희삼熙三 족숙族叔께서는 공, 사직에서
나라와 국민 위한 올곧은 선비정신
산수傘壽 세월 한 치도 비뚤지 아니하셨습니다.

많은 세월 원근 타향에서
생활하면서 수신제가修身齊家에 힘 쓰셔서
훌륭히 살아오신 군자의 발자취를
누가 감히 따를 수 있겠습니까.

장하십니다
그리고 대단하셨습니다
민제 희삼熙三 아저씨
산수傘壽를 진심으로 축하드립니다.

—2012. 11. 5

가을바람

아침햇살 밟고 지나가는
여인의 체취인가
내 몸 언저리 맴돌다
소슬바람에 실려온 향
불타 버린 나목이 향기롭다

태풍 지나간 강변 오솔길
나뭇잎 지천으로 흩날리고
낙엽 밟고 오가는 국화 아줌마
발길 따라 종종 강아지 엄마래요
그래서 걸음걸이도 엄마 닮았네

엉덩짝이 닮아서 뒤뚱뒤뚱
길섶마다 코 박고 무슨 냄새 맡나
아줌마 향기가 풍기나 봐
스치는 바람결 국화 향이 물씬
가을바람 불어오면 가슴 아파라

온 여름 찜통더위 반라행렬 끝나면
숲속 오솔길 갈잎 뒹구는 소리
앙상한 나목 보며 무슨 추억할거나
싱싱한 젊은 반라를 그리며
구름 따라 상상나래 펼쳐보네

바람 탓할 수 없는 나목의 절규
선택 여지까지 날려버린 낙엽 신세
허공 시침질하는 망상 나래짓
오늘도 지나간 발자국만 세는구나
이마 씻을 가을바람이 불어오는데

—2013. 10

창경궁 유감

오십여 년 전 어린아이 손잡고
창경원(궁) 동물원엘 갔었지
그땐 역사의식 같은 것은
생각할 겨를 없이
풍선 하나 솜사탕 과자 하나면
아이들 신이 났었지

동물원 원숭이 재롱에
눈 떼지 못할 즈음
슬그머니 호주머니에서 꺼낸
'청자' 담배 한 개비 꼬나물고
하늘 한 번 올려다보면
화창한 푸른 하늘 돈짝만 했지

나무 그늘 찾아 자리하고
헌 신문지 한 장 깔고 누우면
햇살 쪼개지는 소리 들려오고
심호흡 한 번에 묵은 피로 싹 가셨지
살가운 자식 목말 태우고
신난 원숭이 재롱에 눈 꽂히고

젖어 있는 반달곰 졸린 눈언저리
파리가 촉수 꽂고 앞발 비벼도

작은 눈알만 굴리며 모른 척하네
날쌘 다람쥐 나뭇가지에 앉아
두 손 모아 도토리 껍질 까고
칠면조 날개 펼쳐 무지개 불러왔지

36년 한 많은 기나긴 세월
일본 식민통치 궁궐은 놀이터로
창덕궁이 비원, 창경궁이 창경원
동, 식물원이 웬말이더냐
살 떨리는 슬픈 역사의 장난이여
흘러간 창경궁 비운을 어찌 잊으랴.

—2013. 10

청와대 앞을 거닐며

춘추관 지나 본관 앞 화단엔
겨우내 움츠렸던 정원수
바람에 흐느끼듯
한들한들 속삭임으로
토해낸 빨간 철쭉꽃
누구의 입술로 피어나
두견새 핏빛 울음으로 타는가

언제부터인가
지기地氣를 불러 모아
조선조 오백년 사직社稷
이어온 천하제일 복지福地 비켜
역사歷史 맥脈 끊긴 자리에
청와대靑瓦臺 본관 우람愚濫하나
지하수맥地下水脈 흘러드네.

영빈관 넓은 바닥 통 양탄자
융단絨緞 깔아 화려하고
천정 태극문양 고색이 창연蒼然하네
화강석 통기둥 하늘 떠받치고
앞마당 돌아내려 사진 한 장 찍어보세
정문 앞 계단 아래 기념식수 표석
뽑아내야 할 흉물이로고…

4부

동심에 물들다

—童詩 · 童謠詩 · 歌詞

童詩 1

고추잠자리

부엌 앞 장독대에
고추잠자리
무엇이 이상한가
고개 갸우뚱
시렁 위에 얹혀 있는
대바구니에
새끼줄에 달려있는
고추 보고 갸웃갸웃

추녀 밑 빨랫줄에
고추잠자리
눈이 아파 안 보이나
고개 갸우뚱
멀리서 날아오는
단풍잎 보고
행여나 친구인가
마중가지요

담장 앞 수돗가에
고추잠자리
손발이 더러운지
고개 갸우뚱
빨랫줄에 널어놓은

하얀 손수건
앉았다 날았다
손발 닦지요

대문 앞 철사 줄에
고추잠자리
귀한 손님 찾아오나
고개 갸우뚱
멀리서 뛰어오는
내 얼굴 보고
빨간 볼이 고왔는지
시샘하네요.

—1982. 10. 20 어린 딸의 생각

童詩 2

누렁이

우리 집 누렁이는 재롱둥이
마당이 좁아 라고 뛰노는 망나니
아침저녁 심심할 때
대문 보고 멍 멍 멍
학교에서 돌아오면
발 앞에서 장난 걸지요

우리 집 누렁이는 엄살쟁이
제 집이 비좁다고 밖에 나와 낑낑 낑
목에 맨 줄 풀어 달라
방문 보고 멍 멍 멍
학교 갈 때 풀어 주면
고맙다고 내 손 핥지요

우리 집 누렁이는 미움둥이
집안 구석구석 쉬 하는 못난이
길가는 사람 보고
심술궂게 멍 멍 멍
오빠가 만져주면
고개 숙여 눈을 감지요

—1982. 12. 30

童詩 3

이뻔이

새벽녘 먼동 틀 때
집 한 바퀴 빙빙 돌고
미화원 아저씨 손수레 마중
연탄재, 휴지, 비닐 쪽,
배춧잎, 나무젓가락
꾸깃꾸깃 챙겨 넣고
대문 밖 나설 때
앞서거니 뒤서거니
삐걱삐걱 수레 소리
배웅하지요.

해뜰녘 학교 갈 때
새끼들 쉬 시키고
포동포동 얼굴마다
혀끝으로 핥아주고
항고, 예삐,
검둥이, 얼룩이,
누렁이 한데 모아
입마다 몽실몽실
젖 한 모금 물린 뒤에
스르르 눈 감고
지난날 곰곰 생각
추억에 잠기지요.

스펀지, 불록, 판자 쪽
베니어판 주워 모아
벽 세워 지붕하고
예쁘게 꾸민 집에서
한 해, 두 해
한 배, 두 배
삼 년 사이 세 배 낳아
토실 통실 잘 길러서
앞마을 뒷마을
녹번동, 장위동
가겟집, 야쿠르트 아줌마네
알음알음 찾아 시집보냈지요.

시집살이 싫다 하여
쫓겨난 항고는
개장수에 팔려가서
목에는 쇠줄 매고
낑낑 낑
소리 내어 매 맞고
짬뽕통, 쓰레기통
뒤적뒤적 배 채우고
힐끔힐끔 눈치 보며
바보같이

눈물만 흘리겠지요.

검둥이는 흥기네로
얼룩이는 경아네로
끼니마다 살찐 생선
돼지발, 갈비뼈
닭 머리 삶은 물에
밥 말아 냠냠 냠
오동 통통 살이 쪄
엉덩짝이 둥글둥글
배는 탱실탱실
뒤뚱뒤뚱 걸음마에
사람마다 탐을 내어
이리 수군 저리 수군
수군수군 한다나요

―1982. 12. 1

童詩 4

아침 이슬

떡갈나무 이파리에
송골송골 맺혀 있는
눈물 같은 이슬방울
아침 햇살 받으면서
생긋생긋 웃음지네

후박나무 이파리에
나비 한 쌍 앉혀놓고
수정 같은 이슬방울
반짝반짝 빛을 쏘아
산새 눈에 담아보네

오동나무 이파리에
매미 한 쌍 날아와서
이슬 따다 목적시고
새벽부터 저녁까지
하루 종일 지친 노래
십칠 년 슬픔 녹아 있네

연못가 연잎 위에
눈 비비는 청개구리
물잠자리 눈에 비친
이슬방울 거울삼아

한 손으로 화장하고
친구 찾아 개골개골

童謠詩 5

웃음꽃

파릇파릇 새싹이 돋아났어요
우리들의 가슴속에도

생긋생긋 웃음꽃 피어났어요
우리들의 입가에서도

아빠 엄마 얼굴 바라보며
방긋방긋 재롱떨지요

할아버지 이마 주름살도
감쪽같이 사라지고요

할머니의 예쁜 치맛자락
살랑살랑 춤을 추지요

내 동생 태어나면
깔깔깔 웃겨 주고요

우리 가족 한데 모여
행복하게 살아가지요.

—2008. 10. 18 손자 시현 생각

歌詞 1

불묏골 사연

부엉산 농바위에 새겨진 그 사연
말해 다오 영사재야 성제 공 계신 곳을
임의 뜻 하루같이 지켜온 은행나무
오백 년 긴긴 세월 낙엽만이 쓸쓸한데

불묏골 돌아서서 부엉산 바라보며
잊었느냐 영사재야 내 마음 깃든 곳을
말 못할 그 사연 너만은 알고 있지
반백 년 하루같이 그리움만 더하는데

바람에 흩날리는 낙엽 사연 있었건만
행동재의 기둥마다 임의 노래 서려 있고
해마다 상달에는 조상 기린 묘제향사
오백 년을 하루같이 가진 정성 다하였네

–1990. 11. 22

歌詞 2

열일곱 순정

안 보면 보고 싶은
애타는 마음 아시나요 아시나요
떠나고 아니 오는
그 마음 알 수 없어라
열일곱 내 가슴에 그리움만 쌓이는데
이슬 같은 말 한마디 사랑이라네.

내 가슴 두근두근
설레는 마음 아시나요 아시나요
돌아서서 가버리는
인정 없는 사람아
열일곱 내 가슴에 상처만 남기고
무정하게 떠난 그 사람보고 싶어라

언젠가 돌아올 날
기다리는 마음 아시나요 아시나요
당신이 가신다면
내 마음도 가져가지
열일곱 내 가슴에 슬픔만 남기고
가시는 듯 돌아오면 아니 되나요

—1980. 10

歌詞 3

향수鄕愁

고향 하늘 바라보니
흰 구름만 두둥실
앞산 밑 대나무 숲
바람 소리 차가운데
가는 여름 배웅하듯
단풍잎만 물들었네
어이하여 못 말리나
흰말 타고 가시던 임

고향 마을 생각하니
냇물 소리 들리는 듯
안개들에 익은 벼는
그 임의 금침인가
바람결에 넘실대는
풍요의 물결 소리
날아가는 기러기야
이 마음 전해 다오

서쪽 하늘 바라보니
붉게 물든 저 구름아
행동재의 은행나무
지금도 서 있더냐
바람결에 통소 소리

꿈속에도 들리나니
어이해 못 잊느냐
그리운 고향 산천

무서리 밟아보며
동 트는 새벽녘에
뒷동산 올라올라
남쪽 하늘 바라보면
가슴이 터지도록
그리움만 쌓이는데
덧없이 흐른 세월
흰 머리만 더해 가네

—1990

歌詞 4

호반 아가씨

덕진공원 호반에서
연밥 따는 아가씨야
연잎 고깔 받쳐 쓰고
나비처럼 춤추는가
사랑스런 호반아씨
언제 다시 만나보나

향기어린 연꽃잎에
소담하게 담은 정성
전주 명물 비빔밥이
입맛마저 희롱하니
입안 가득한 그 향기
언제 다시 느껴보나

아삭아삭 씹는 그 맛
연근조림 생각나고
출렁다리 건너가면
연꽃향에 젖어드니
잊지 못할 호반아씨
언제다시 만나보나

전주라 덕진공원에
호반 가득 연꽃인데

아름다운 꽃술마다
벌과 나비 찾아드나
내 마음속 호반사랑
연잎으로 가리는가.

—2010. 7. 9

내 삶의 뒤안길에서

－말구릿재의 추억

1955년 여름방학 어느 날이었다. 나는 해발 350m가 넘는 말구릿재를 넘어 내가 자주 가는 큰집 갓(산)에 가서 갈둥구리 한 바지게 캐어서 짊어지고 내려왔다.

뒷마당 살구나무 아래다 짐을 부고 지치고 허기진 배를 채웠다. 끌꺼렁 보리밥 한 사발에 된장에 풋고추 찍어 몇 개 깨물고 나면 언제 배가 고팠는지 몰랐다.

온몸의 식은땀은 배나뭇골 골창에서 내려오는 시원한 골바람 맞으며, 집 앞 개울에서 찬물 한 바가지 뒤집어쓰면 그만이었다.

그리고 오후에는 서향집인 관계로 항상 해질 무렵이면 햇빛이 마루와 안방까지 점령하고 있었다. 그래서 마당 끝 아래채 앞 그늘 평상에서 낮잠을 한 시간 정도 잤다.

오후 3시경에 안 말구릿재에 가서 청솔가지 한 짝 해서 가파른 길로 미끄러지듯 짊어지고 내달렸다.

짐은 배나무골 양지바른 곳에 내려두고 나면 해는 서산으로 기울었다. 어둠이 몰려오기 시작하면 모기란 놈이 떼로 몰려와 땀범벅이 된 온몸을 공격했다. 금방이라도 뼈와 가죽만 남기고 다 빨아 먹힐 것 같아 수건으로 대강 쫓고 집 뒤에 살구나무 아래에 지개를 벗어 던졌다.

밥 한술 뜨고는 곧장 농바위 앞 냇물에 지친 몸을 담그면 하루의 피로가 싹 가시곤 했다.

그 때가 형님이 군대에 가 있을 시기로 중학교를 졸업하고, 진학을 포기하고 가사를 돌보는 시기였다.

그로부터 1년 후에 시골 고등학교에 진학하였으나 가정 형편이 변한 것이 없었다.

형님이 군에서 막 의가사제대하고 집에서 요양하고 있을 때라 집의 농삿일 뿐만이 아니라 산에 가서 땔감과 풀을 베어다가 퇴비도 만들고, 논도 메야 하고 밭에 나가 풀도 뽑아야 했다. 쉬려해도 쉴 수 없는 형편이었다.

지금 생각하면 꿈같은 이야기로만 들릴지 모르겠으나 그때 시골의 산골 빈농 대부분이 그렇게 살기 위하여 어쩔 수 없이 죽을 각오로 노력하지 않으면 굶어야 했다.

죽도 먹기가 힘든 형편으로서 일은 다른 선택의 여지가 없었다는 말이 적절한 표현이었다고 할 수 있을 것이다.

나는 불행하게도 왜정 치하인 1937년 4월 6일(호적에는 4월 9일)생으로 아버지께서 무슨 이유인지는 알 수 없으나 왜경에 감시당하고 있었다.

어쩔 수 없이 고향 집성촌을 떠나 깊은 산골짜기 마을만 두 번이나 이사 다녀야 했다. 말 못할 특별한 사정이 있었지 않았나 하는 생각이 든다. 그 이유는 내가 6, 7세 어린나이 일 때 심심산골 우리 집(경남 창녕군 성산면 덕곡리)에 수시로 손님이 와서 작은방에서 2, 3일씩 묵어가곤 했다.

어떤 때는 의사(침쟁이)도 와서 나에게 침도 놓아주기도 했는데, 내가 어릴 때부터 병치레를 많이 하였기 때문이기도 하지만 항시 손님들이 많이 찾아오곤 했다.

항상 두 명의 왜경(순사)이 와서 아버지의 동태를 살피

다가 가곤 했다, 아버지께서 편찮으셔서 출입을 못하게 되면서부터 왜경은 오지 아니하였다.

아마도 독립운동(?)과 관련이 있지 아니하였나 하는 생각을 지금까지도 지울 수가 없다. 그리고 어머니 생전에 말씀하시기를 너의 아버지는 한번 집을 나가시면 10일 20일은 보통이고, 한 달 두 달 만에 돌아오시곤 하면서 집에 쌀이 있는지 밥이 있는지도 상관 않고 출입하셨다고 말씀하셨다.

어쩌다 여쭈어보면 아무런 대꾸를 하지 않으시면서 '아녀자가 알 일이 아니다'라고만 말씀하시고는 가족이 굶어 죽든 말든 당신 마음대로 하셨다고만 하셨다.

아버지께서 집의 사랑채 가역을 시작하셨다. 안채의 우측 측면 마당 당산나무 밑에 짓게 되었다. 상량을 올리고 중방공사 중에 대목의 실수로 끌로 옹이를 자르다가 잘려 나간 옹이가 앞에 서 계시던 아버지 오른쪽 손등을 스쳐 맞아 상처를 입게 되었다.

별것 아닌 상처로 여겨 치료를 소홀疎惚히 한 탓에 상처 부위가 덧나고 붓고 곪아(파상풍?)서 그 상처로 인한 다른 합병증(급성장염)까지 얻게 되어 일년여 동안 앓으셨다.

그때 생각나는 일은 누군가 어머니에게 독사 쓸개로 아버지의 병이 나을 수 있다고 말을 해줬다. 그 말을 옆에서 내가 엿듣게 되었다. 그 말을 듣자마자 어린(7세) 내가 집 앞 들판 논둑으로 달려가 개울을 건너 앞산에 가서 숲속에 숨어 있는 독사(살모사)를 잡아왔다. 그 독사를 공사 중인 사랑채 중방에 머리를 묶고 껍질을 벗기고, 배를 갈라 쓸개를 빼내어 환자 입에 넣어드리고, 그 독사를 약탕기에 넣어 끓여서 드시게 했다.

그것을 본 동네 사람들은 나를 신동 또는 효자라고도 하며 칭찬했다. 그때는 병원도 없던 왜정 때라 다른 방도가 없었다. 결국 그 병환으로 3년여 동안 고생만 하시면서 가산은 탕진되었고, 병은 더욱 깊어져서 견디다 못하여 부득이 산을 넘어 환고還故하게 되었다.

막상 고향에 돌아왔으나 거처할 집이라곤 두 평도 안 되는 방 하나와 한 평 정도의 부엌과 두세 평 정도 광과 뒷간이 있는 낡고 찌그러진 초가집이었다. 환자와 어머니, 우리 삼형제 다섯 식구가 끼여서 살 수 밖에 없었다.

내가 8살 때인 1945년 9월 9일(음 8월 4일) 아버지께서 돌아가시자, 집안 형편은 말할 수 없이 빈궁하였다. 살길마저 막막한 처지가 되자 주위 일가 분들의 도움과 어머님의 초인적인 노력으로 우리 삼형제를 굶기지 않고 키워주셨다. 그래서 일가 분들만 살고 있는 집성촌이 얼마나 소중하고 귀한 존재인지를 모르고 살아온 내가 한없이 후회스럽고 죄스럽다. 내 나이 내년이면 77세(희수稀壽)! 정말 일가 분들에게서 받은 은혜와 어머니께 배은망덕하고 불효한 자식으로서 어떻게 살아왔는지 생각하면 생각할수록 자신이 부끄럽고 원망스럽기만 하다.

이 못난 불효자는 어머님께 생전에 하지 못한 효도를 돌아가신 후에도 끝이 없이 후회만 하며 살아가고 있다. 어머님이시여! 용서하소서~

천지신명께 고하노니 부디 나에게 지혜를 주소서! 어떻게 하면 어머님의 은혜의 백만분의 일이라도 갚을 수 있을런지요?

–2012. 12

■ 餘滴 ■

등단소감

6월 19일 12시 40분 전화벨이 울렸다.

"아버님! 시현時賢이가 왔어요!" 그 말을 듣는 순간 너무나도 반가워서 가슴이 터질듯 눈알이 튀어나오는 흥분으로 마치 스프링 튀듯 자리를 박차고 3층에서 단숨에 계단을 쏜살같이 내려왔다. 20개월 된 손자 시현이는 앞 건물 환풍기 따라 손을 돌리고 있었다. 내가 "시현아!" 하는 소리에 반사적으로 "하부지!" 하며 쫓아와 몸을 던지며 내 품에 뛰어든다. 시쳇말로 '손자는 영원한 짝사랑'이라나.

그 순간 또 하나의 짝사랑이 등기 우편물로 배달되었다. (사)새한국문학회에서 주관한 시부문 신인상 당선 통지서였다.

달포 전 호주에 사는 딸과 이곳 며느리의 둘째 아이 잉태 소식에 황홀한 꿈속을 헤매며 두 주 사이로 쌍고동 불 날만 생각하고 있는 차에 이 기쁨은 나에게 한 편의 드라마틱한 감동의 시詩 자체인 것을….

내가 시작詩作을 시작한 것은 대학생 때다. 명동 유명 다방에서 시화전을 열고, 동인회를 만들면서 금방 시인이라도 된 듯 들떠 있었다. 그러나 졸업 후에 생활인이 되면서 용광로의 불길은 점점 사그라지고 열정도 식으면서 무상한 세월이 어느새 고희古稀를 넘겼다.

작품 한 권 없는 무관 독불장군으로 있다가 희수, 산수를 바라보는 처지에 뒤늦게 시인이 되겠다고 한심(?)한 생각을 갖게 되어 솔직히 부끄럽고, 민망한 마음을 떨칠 수가 없었다. 그래도 희수 때는 보잘것없는 시집詩集 한 권이라도 내보라는 권고의 채찍으로 알고 용기를 내어 칠칠팔팔七七八八 바라며 불후不朽의 명작작전名作作戰이나 한 번 세워 볼거나~.

졸작을 심사해서 당선시켜 준 심사위원 제현께 감사드립니다. 그리고 방랑객放浪客을 링 안으로 끌어들여 매를 맞게 해준 밝덩굴(병찬) 선생과 삼십 년 전부터 "아제 시상詩想이 참 좋아" 하면서 시작詩作을 계속해 등단해 보라고 권유해 준 김태호金兌浩 시인과 한국문인韓國文人 관계자님께도 감사드린다.

—2008. 6

遠心力과 그림자

金　青　天

影
내 곁을 맴돌던 影
깊이 없이 살쪄간 상념은
비정의 도태에로 향한
사탄의 웃음마냥
균형을 잃어야만 하는가.

影과 肉
밤과 낮이 교차한 분깃점에서
쫓고 쫓겨야 하는 날은
무수히 반추되는데
퇴색한 담벼락에 기대인 너의 자태는
또 하루의 계산이었구나.

影
이젠 내 곁을 떠나려는 影
기름을 태우던 수로운 인연은
불빛 갈림길에서
대화를 멈추자.

검게 타버린 입술을 끌며
또 어느 놈의 발꿈치를 핥으려고
주체에서 객체로
객체에서 주체로 맴도는가.

그래서 걸음마는 일찍부터
고독하지는 않았다.

님이 꽃을 시들게 하고
새 우주가 피어난다 해도

내 마음 이슬 같은 詩는
너의 꿈틀거리는 율동에서
오늘을 여미며
내일을 가늠할 원심력에서
피 엉키우게 하리라.

〈國·4〉